现代大学日语教学理论与实践模式研究

符 莹 著

群言出版社
QUNYAN PRESS
·北京·

图书在版编目（CIP）数据

现代大学日语教学理论与实践模式研究 / 符莹著
. -- 北京：群言出版社，2023.2
ISBN 978-7-5193-0802-5

Ⅰ. ①现… Ⅱ. ①符… Ⅲ. ①日语－教学研究－高等学校 Ⅳ. ① H369.3

中国版本图书馆CIP数据核字（2022）第 256151 号

责任编辑：胡　明
封面设计：知更壹点

出版发行：群言出版社
地　　址：北京市东城区东厂胡同北巷1号（100006）
网　　址：www.qypublish.com（官网书城）
电子信箱：qunyancbs@126.com
联系电话：010-65267783　65263836
经　　销：全国新华书店

印　　刷：三河市明华印务有限公司
版　　次：2023年2月第1版
印　　次：2023年2月第1次印刷
开　　本：710mm×1000mm　1/16
印　　张：11.75
字　　数：235千字
书　　号：ISBN 978-7-5193-0802-5
定　　价：72.00元

【版权所有，侵权必究】

如有印装质量问题，请与本社发行部联系调换，电话：010-65263836

作者简介

符莹,女,1987年11月出生,江西省赣州市人,毕业于东北林业大学,硕士研究生学历。现任赣南师范大学科技学院讲师,研究方向:日语教育;日语语言学。长期从事日语教学工作,有十余年教学工作经历。主持并完成江西省教育科学规划课题及江西省基础教育课题各一项,发表科研论文十余篇。

前　言

外语教育是我国高等教育的重要组成部分，对于促进大学生知识、能力和综合素质的协调发展具有重要意义。其中，日语已经成为我国除英语之外的第二大外语语种，随着新时期国内外经济、政策环境条件的变化，大学日语教学面临着极大的挑战。在此背景下，我们要以发展的眼光看待日语教学，与时俱进地对教学方法、教学模式等进行调整。在推动大学日语教学水平提升方面，需以端正的、理性的态度深入探讨日语教学的相关理论和内容，并结合当前实际情况，对大学日语教学的方法、模式进行改革与优化，明确日语人才培养与教师专业发展的优化策略，以适应大学日语教学现阶段的发展需要。

全书共七章。第一章为绪论，主要阐述了大学日语教学的目标、大学日语教学的原则、大学日语教学的要素等内容；第二章为日语教学的理论基础，主要阐述了认知语言学理论、认知负荷理论、建构主义理论、语用学理论、元认知理论等内容；第三章为日语教学的主要内容，主要阐述了日语知识教学、日语听力与会话教学、日语阅读与写作教学、日语翻译与跨文化教学、日语教学中的"课程思政"等内容；第四章为日语教学的方法创新，主要阐述了情境式教学法、任务型教学法、对分课堂教学法、小组合作学习法等内容；第五章为互联网模式与日语教学实践，主要阐述了互联网辅助下的日语教学模式、互联网辅助日语教学的路径、日语网络教学资源的开发与应用等内容；第六章为翻转课堂模式与日语教学实践，主要包括翻转课堂模式相关论述、日语教学导入翻转课堂的意义、翻转课堂模式应用于日语教学的实践等内容；第七章为日语人才培养与教师专业发展，主要阐述了现代日语人才的培养、现代日语教师的专业发展、现代日语教学的发展策略等内容。

在撰写本书的过程中，笔者借鉴了国内外很多相关的研究成果如著作、论文等，在此对相关学者、专家表示诚挚的感谢。

由于笔者水平有限，书中有一些内容还有待进一步深入研究和论证，在此恳切地希望各位同行专家和读者朋友予以斧正。

目 录

第一章 绪 论 ·· 1
   第一节 大学日语教学的目标 ··· 1
   第二节 大学日语教学的原则 ··· 5
   第三节 大学日语教学的要素 ·· 13

第二章 日语教学的理论基础 ··· 27
   第一节 认知语言学理论 ·· 27
   第二节 认知负荷理论 ··· 30
   第三节 建构主义理论 ··· 36
   第四节 语用学理论 ·· 42
   第五节 元认知理论 ·· 47

第三章 日语教学的主要内容 ··· 50
   第一节 日语知识教学 ··· 50
   第二节 日语听力与会话教学 ·· 54
   第三节 日语阅读与写作教学 ·· 59
   第四节 日语翻译与跨文化教学 ····································· 65
   第五节 日语教学中的"课程思政" ································ 78

第四章 日语教学的方法创新 ··· 82
   第一节 情境式教学法 ··· 82
   第二节 任务型教学法 ··· 89

1

第三节　对分课堂教学法 …………………………………… 93
　　第四节　小组合作学习法 …………………………………… 99

第五章　互联网模式与日语教学实践 ………………………… 102
　　第一节　互联网辅助下的日语教学模式 …………………… 102
　　第二节　互联网辅助日语教学的路径 ……………………… 111
　　第三节　日语网络教学资源的开发与应用 ………………… 115

第六章　翻转课堂模式与日语教学实践 ……………………… 123
　　第一节　翻转课堂模式相关论述 …………………………… 123
　　第二节　日语教学导入翻转课堂的意义 …………………… 134
　　第三节　翻转课堂模式应用于日语教学的实践 …………… 138

第七章　日语人才培养与教师专业发展 ……………………… 151
　　第一节　现代日语人才的培养 ……………………………… 151
　　第二节　现代日语教师的专业发展 ………………………… 157
　　第三节　现代日语教学的发展策略 ………………………… 176

参考文献 ………………………………………………………… 179

第一章 绪 论

本章分为大学日语教学的目标、大学日语教学的原则、大学日语教学的要素三部分，主要包括日语教学的内容目标、日语教学的能力培养目标、交际性原则与实用性原则、日语学习者等内容。

第一节 大学日语教学的目标

一、日语教学的内容目标

（一）基础阶段教学的内容目标

大学一、二年级的日语教学内容标准主要针对大学日语专业（零起点）一、二年级的教学，以及社会力量办学中最初一两年内的日语教学。

1. 知识教学目标

①学年教学要保证不低于500学时，两年内学生应该掌握现代日语语音、语法、词汇的基本知识，具备听、说、读、写日语的基本技能，为日语的进一步学习打下坚实的基础。

②掌握日语语音的基础知识，朗读或说日语时发音、语调基本正确、合乎规范，没有明显的语音错误。

③掌握日语基础语法，对日语语法中的主要项目、难点理解透彻，在语言实践中能够正确运用，无大错误，不影响交际。

④接触日语单词8000个左右，基本句型250个以上，惯用词组200个以上，其中积极掌握的应不少于一半。

2. 语言技能教学目标

①听：能够听明白日常交流的日语，能够理解难易程度与自己所学知识类似

的不同类型的听力材料，保证在听音的过程中生疏单词数量不到全文的3%，并且不出现语法问题。

②说：能够进行日常交流，能够与日本人进行一般的交际和商务对话，能够在所学知识范围内连续进行超过3分钟的演讲并且没有明显的语言和文法上的失误。

③读：在朗读文章时遇到的生疏词汇数量不能超过全文的3%；如果文章完全在所学知识范围内的话，必须能够在不使用字典的情况下迅速读出并且发音正确、标准；能够准确地理解并且表达文章的主旨；能够通过字典来阅读日常的日文报纸。

④写：能够记录和重写可以听懂和读懂的文章；能够在2个小时之内完成600字以上的应用文和记叙文，并且语句通顺，语法和用词基本正确。

（二）提升阶段教学的内容目标

三、四年级的日语教学内容是一、二年级日语教学内容的延伸，与基础阶段的教学相衔接。在进一步练好听、说、读、写、译几项基本功的同时，还要扩大视野、拓宽知识面，学习日本文化、文学等方面的内容。参考《高等院校日语专业高年级阶段教学大纲》（以下简称"大纲"），对这一阶段日语教学提出以下要求。

1.知识结构教学目标

根据大纲，将日语教学由语言知识向语言理论、与语言相关的专业理论进行转化，并确定教学重点和内容。所以，具体的课程设置是由各个学校根据培养目标决定的，而大纲仅仅对课程的目表做出详尽的说明，供各个高校参考。

2.语言技能教学目标

高年级阶段教学大纲对语言技能的培养目标也做了明确规定，对听、说、读、写、译几个方面提出了具体要求。

①听：第一，能听懂日本人用日语以正常语速所做的演讲、谈话，并能复述其中心内容；第二，对电视节目、现场采访的广播及带地方口音的日本人的讲话，听后能抓住主要内容和重要情节。

②说：第一，能用日语表达自己的想法，能和日本人进行正常的交流；第二，在短时间内，能够用日语进行即兴演讲或发表自己的学术见解，能够就所熟知的话题进行讨论和辩论并提出自己的看法；第三，日语发音语调正确自然，表达通

顺，没有明显的语法错误；第四，能够根据不同的场合和对象正确地选择不同的词语，特别是在词语的褒贬、敬语的使用以及语气和色彩的掌握上。

③读：第一，能读懂除专业性较强的科技资料以外的现代日语文章；第二，能够阅读一般的日语文字，能够领会作品的主旨；第三，能够对文章主要内容进行归纳总结；第四，能够独立地对文章的思想观点、结构、语言技巧和风格进行分析。

④写：第一，能用日语写出格式标准、语法基本正确、内容明了的书信或调查报告等文体的文章；第二，能写内容充实，具有一定广度和深度的说明文、议论文以及论文；第三，在构思成熟的前提下，写作速度可达每小时600～700字，无明显语法错误，用词恰当，简敬体使用正确。

⑤译：口译时，能在无预先准备的情况下担任生活翻译；经过准备后，能胜任政治、经济、文化等方面的翻译工作；忠于原意，语言表达流畅，并能区别各种不同的语感和说话人的心态。笔译时，能翻译用现代日语撰写的各种文章、书籍；借助工具书和注释能翻译一般日语古文。汉译日时，能翻译与《人民日报》社论程度相似的文章，每小时能译400～500字，相当于1000日文印刷符号。日译汉时，每小时能译500～600字。翻译文艺作品时，保证作品的思想主旨及文体风格与原文基本相符，保证重要内容正确。

二、日语教学的能力培养目标

（一）日语语言知识的能力培养目标

1. 语音能力培养目标

日语语音能力培养主要是指培养学生顺利掌握日语语音的所有能力，这种能力包括遗传生理和后天培养的能力等方面。就一般学习者而言，它主要包括：能够区分日语语音（音位）的辨音能力；能够准确再现日语语音的发音能力；听觉和动觉的控音能力；发音动作的协调能力；感知和再现日语语调的能力等。

2. 词汇能力培养目标

日语词汇能力培养目标主要包括：有助于学生生成对词汇的感性认识的形象记忆力（听觉、视觉和动觉的）；迅速而准确地区分近似词的能力；迅速形成新的概念的能力；区别词义的能力；迅速理解词的具体（上下文的）含义的能力；识记各种日语词组、短语、成语的能力；在感知日语时迅速认知和理解词的能力；迅速找出必要的日语词来表达自己的思想的能力等。

3.语法规则能力培养目标

日语语法规则能力培养目标主要包括：分辨各种词类和句子成分的能力；察觉日语词汇结构及语法特点的能力；根据语法规则变化单词并将词汇连成句子的能力；迅速而准确地辨认和再现各种句法结构的能力；正确掌握词的一致性关系的能力；熟练地正写与正读的能力等。在修辞方面，要具备概括语体词汇和语法特点的能力及辨认和再现各种语体的能力。

（二）日语各项技能的能力培养目标

1.听力能力培养目标

听是学习日语知识与技巧的来源和途径。听力训练是一种复杂、紧张、富有创造性的智能行为，需要听者主动进行感知、记忆、分析、归纳、综合等思维活动。所以，日语听力教学也是一项智力锻炼活动。

听力能力培养目标具体表现为：快速捕捉和储存信息的能力；辨别不同语言、适应日语语速的能力等。

总而言之，帮助学生掌握听力能力的提高方法，就是培养学生听力理解能力的目标。

2.会话能力培养目标

会话也叫作"说"。会话是一种主动的语言行为，它是一种在没有任何分析、翻译的情况下，能够快速地用一种语言来传达自己的想法的行为。这不仅仅是对所学语言内容的重复，更是一种将所学到的语言材料进行创造的组织行为，以表达说话人的想法。

会话能力培养目标具体表现为：自如地、创造性地运用已经学习过的语言材料表达思想的能力；注意力集中在会话的内容而不是语言表达形式上的能力；敏捷思考和快速运用语言的能力；会话过程中的日语思维能力（或排除翻译的能力）；应对无主题对白的语言交际能力等。

总而言之，帮助学生了解说的特点、掌握会话能力的提高方法，就是培养学生会话能力的目标。

3.阅读能力培养目标

阅读是一种人类获取语言知识的重要方式，而非直接言语交流则是通过阅读来实现的。随着科技与现代网络的发展，获得日语资料的条件也较以前更为成熟，通过阅读获得日语资讯已成为一种重要的学习方法。阅读是提升语言能力的一种有效手段，因此，在日语教学中，阅读能力的培养也是非常重要的。

阅读能力培养目标具体表现为：辨认词、词组、句子结构；掌握文章的主旨和作者思维；掌握句与段之间的关系以及代词的具体含义；全面了解文章的整体内容等。

总而言之，帮助学生掌握阅读能力的提高方法，就是培养学生阅读能力的目标。

4. 写作能力培养目标

写作是一种通过文字符号来传达信息的行为，它是一种语言的输出过程。随着网络的发展，网络沟通愈来愈频繁，日语的应用从写作书信、公文、科技论文、文艺作品等逐渐延伸至网络资讯沟通，增强了使用者的应用性，并逐渐提升了日语写作的水平。所以，在日语教学中提高学生的写作水平是非常重要的。

写作能力培养目标具体表现为：书写、收集材料的能力；捕捉灵感、进行构思的能力；组织内容、形成思维的能力等。

总而言之，帮助学生掌握写作能力的提高方法，就是培养学生写作能力的目标。

5. 翻译能力培养目标

翻译是将一种语言的信息转化为另外一种语言信息的过程。其分类有许多种，包括：归化翻译（意译）和异化翻译（直译）；工具性翻译和文献性翻译；语义翻译和交际翻译；文学翻译和语言学翻译；等等。

由于上述分类在语言表达形式上只包括有声语言和符号语言，因此，在讨论翻译能力时只在口译、笔译两个大的概念下展开。

总而言之，帮助学生掌握翻译能力的提高方法，就是培养学生翻译能力的目标。

第二节　大学日语教学的原则

一、交际性原则与实用性原则

（一）交际性原则

交际性原则注重对日语教学中学生交际能力的培养。2001年，教育部对《高等院校日语专业基础阶段教学大纲》进行了修改，修改后的大纲对外语教学的目的进行了明确的规定，即培养学生的跨文化交际能力。2010年，日本国际交流基金在TASK外语教学理念的基础上推出"can-do"教学模式。"can-do"，顾名思义指"能够做到……"，即把教学的目标设定为让学生能够使用日语做到一些事。例如，初级的日语教材把教学目标设定为购物、自我介绍、点餐等简单的基础交流，高级的教材则把教学目标设定为能够使用相关专业的专业术语对某一主题进行阐述等。

在教学的过程中应强调语言的输入和输出，重视培养学生的交际能力。对学生进行评价的方式也变得更加多样，分为教师评价、同学互评和自我评价。评价的对象分为内容、语言流畅与否等多个方面。

"can-do"这一教学模式是在跨文化交际教学理念的基础上建立起来的。我国的一些高校已经引入了这一教学模式，并开发出相应的教材。因此，日语专业教育应当更加重视日语教育中的交际实践，给予学生在课堂上经过独立思考，能够运用学到的语言知识发现问题并解决问题的机会。在教学过程中，老师应当注意给予学生正确的引导，鼓励学生积极发言，找到适合自己的话题和优势。

进行交际的过程中，学生不仅可以练习使用学到的日语语法、词汇知识，更重要的是，运用外语交际的过程也是展现自我和实现自我价值的过程。在当今时代，学生除了掌握专业知识外，还必须掌握人际交往能力，掌握如何展现自我和让他人接受自己的方法，应当有创新性的观点和独立思考的能力。因此，日语课堂上的交际能力培养显得愈发的重要，交际性原则也是大学日语教学基本原则中重要的一环。

（二）实用性原则

对学生进行日语教学必须讲求实用性，只有他们认为有用，才会非常积极和充满兴趣地学习，从而增强学习效果。为了使他们掌握一些最基本的会话用语，能够在日常生活中或参加国际会议时与日本学者进行一些简单的交流，教师在每次授课时都要讲授一些问候用语或简单会话。当然这些会话是教师经过深思熟虑后精心挑选的，这样一来，通过长时间的运用和接触，学生们在潜移默化中就会掌握一些寒暄用语和日常会话，可以应对日常生活中一些简单的情景对话。对于这种即时能用的句子，学生们是很乐意掌握的。

为了增强学生的学习兴趣，使他们觉得日语离他们的生活并不遥远且非常实用，还可以教给他们一些日语歌曲。这些歌曲最好是有代表性的日本民谣或流行歌曲，如《北国之春》《四季歌》《拍手歌》等大家都耳熟能详的歌曲。在朋友聚会时，同样一首歌，用日语演唱出来就会给人耳目一新的感觉，所以学生们就会非常感兴趣。

二、拓展性原则与启发性原则

（一）拓展性原则

日语作业是日语教学过程中的一个重要组成部分。而日语探究性作业的设计和实施，不仅能够促使学生进一步地夯实所学习过的基本语言知识，更能强化学生在探究的过程中对语言的综合运用。另外，日语探究性作业的设计和实施对全面提升学生的思维能力、强化学生与他人之间的合作、提升学生解决问题的能力等也具有重要的意义。拓展性原则还表现为，教师应该结合学生所读到的文本中的具体内容以及文本的主题，积极地在作业设计中引导学生进行文本主题的拓展，促使他们在真实的语言交际情境中结合文本中的已有信息进行语言的表达。

（二）启发性原则

启发是指教师从学生的实际出发，采取各种有效的方式去调动学生学习的积极性和主动性，指导他们自己去学习的过程。例如，在谈到日本的居住文化时，可以给他们介绍日本节水马桶的情况。日本用的一种节水马桶是通过水管从水箱上面进水的，而不是通常我们所见到的那样从水箱里面上水，这样的结构可以使水在流入水箱之前供人们洗手使用。这样一个简单的设计不仅满足了马桶的功能需要，而且达到了节水的目的。

除此以外，教师应该培养学生的问题意识，让学生自己提出问题，然后根据自己所产生的困惑或者疑虑等进一步获取解决问题的线索和基本方案等。学生只有产生了一定的问题意识之后，他们才能够进行多层次的思维活动，才能够努力地为解决某一问题进行积极的文本内容探究，并有利于促进学生思维能力的提升。例如，在文本阅读前这个环节，首先，教师可以通过情境的创设，要求学生结合文本的标题对写作主题进行初步的体验和感知。然后结合文本的主题，教师可以要求学生进行小组内的合作讨论，要求学生将自己对该主题的有关问题或者是有关想法提出来，并由各个小组长负责记录。最后，在后续的阅读环节中，学生便可以根据自己之前所提出来的问题，从文本中获取相关的信息，并进一步通过小组合作讨论的方式来解决自己提出的问题等。

三、适切性原则与侧重翻译原则

（一）适切性原则

在日语教学过程中，教师把握适切性原则是提高教学效率的一个关键因素。同时，适切性原则也有利于教师在教学实践过程中尊重学生的学习规律，全面关注学生的学习状态等。

以日语阅读为例，首先，教师在进行日语阅读材料的选择时，应该把握适切性的原则。在具体的教学实践过程中，我们发现有这样一种现象：有些教师对于教材中所提供的日语阅读材料完全不加选择，直接按部就班地按照教材中篇目的编排次序组织学生进行阅读学习活动。然而，有些教材中的部分语篇内容可能与学生的实际生活距离较远，或者是已经不符合当前社会的发展形势，还有些教材中的部分语篇内容存在难度过大或过小等情况。如果教师在教学中不加选择，很有可能会因为教学材料不恰当而影响学生的阅读学习效果。因此，教师可以对文本材料的难度、对学生的吸引程度以及与学生实际生活的贴合度这三方面进行考量，并根据实际的教学情况适当地补充课外的日语阅读材料等。

其次，教师在进行日语阅读教学活动设计时，也应该把握适切性的原则。部分教师在进行日语阅读教学活动设计时，完全按照教学参考书上的有关活动建议及要求来组织学生参与课堂阅读活动，但是没有考虑本班学生的实际学习情况。在这种情况下，很可能会导致课堂活动难度过大或综合性太强等问题，导致学生在活动过程中遇到的困难较多，以致有些学生根本不知道如何下手，教师没有给学生搭建好具体的脚手架，这会严重影响学生的学习效率。因此，教师必须做好学情分析工作，并且要根据学生的实际活动完成情况以及课堂上的表现等，灵活地调整课堂活动的难度。

（二）侧重翻译原则

在进行日语教学时应该有所侧重。为了达到这一目标，一方面要加强语法学习，另一方面要适当侧重于翻译训练。要将基本的翻译原则和翻译技巧告诉学生，讲授课文时随时注意将课文翻译成中文，而且要保证翻译的精确性和规范化。同时，有意识地加强针对学生的翻译训练，让他们多做一些将日语翻译成中文的练习，或者让学生们在老师不讲授的情况下自己翻译课文，检验他们不借助字典理解日语的读解能力。这样可以在潜移默化中使学生熟练掌握翻译技巧，提高翻译能力和阅读速度，为他们以后查阅和利用学术文献打下基础。

四、研究型原则与体系化原则

（一）研究型原则

传统的外语学习方法大多为背诵语法、词汇、课文，这样的外语学习是模仿的学习，或者说是被动的学习。可以想象，大学四年都使用这样的方法学习日语的学生是无法应对激烈的就业竞争的。

作为教师，必须重新审视高校日语教学的任务，促使学生自主学习、主动思考。同时教师要针对本校的专业特色，在进行日语语言研究的基础上让学生更多地参与日本文化、社会等方面更广泛的科学研究。研究型学习提倡学生在教师的指导下确定研究方向、主动学习，在学习过程中获得知识，并在此基础上应用知识、学会解决问题。同时教师要引导学生对中日文化进行双向考察，提高学生的跨文化交际能力。

（二）体系化原则

体系化原则就是按照日语基本的语法体系讲课。学生学习日语的时间有限，因而，比起只讲授了一部分或一半语法基础知识，使他们对日语的基本语法结构或体系有一个全面的了解更为重要，这样可以为学生以后自学打下基础。

五、综合性原则与类比性原则

（一）综合性原则

日语教学的综合性原则指的是重视语音、语法、词汇的交互影响作用，进行综合教学。

1. 整句教学与单项训练相结合

由于日语教学是为了提高学生的语言应用能力，因此在教学中教师可以采用整句教学的方式。学生在学习到语言表达方式之后就能直接运用，有利于学生语感能力的提高。具体来说，整句教学的顺序是先教授简单句子，然后再教授较为复杂和长的句子，将整句教学和单项训练相结合。

2. 进行综合训练

语言学习是一个完整的体系，需要在教学中进行综合训练，也就是结合听、说、读、写四个部分。在大学日语教学中，听、说、读、写能力的培养是教学的主要目标，教师可以训练学生的多种感觉器官，保证四项技能训练的数量、比例、难易程度，从而使学生完成不同的学习任务。

3.进行对比教学

由于语言的差异性,在大学日语教学中还需要进行对比教学,引导学生在语言使用中学习单词、语法、语音。这种对比教学的方式能够保证整体教学效果的提高。

(二)类比性原则

利用学生的已有知识结构进行日语教学会有事半功倍的效果。由于我国对于外语的教学一直以英语为主,不管是小学、初中还是高中,学生经过了一系列的考试,英语水平一般都不错。而对于日语则是一窍不通,很多同学都没有接触过,因此,短时间内让他们理解日语的语法并不是一件很容易的事,他们也习惯和愿意从汉语的角度来学习日语。根据这种状况,宜结合日语和汉语的特点来讲授日语,以提高他们学习日语的效果。例如,学生们在理解日语中比较难的助词部分时,不妨告诉他们日语的助词基本上相当于汉语的介词,并举出一些相似的例子。

六、以人为本原则与激发学习兴趣原则

(一)以人为本原则

在传统的教育方式中,教师和学生占有的信息并不是一种平衡的状态。大部分情况下,教师所拥有的信息是要多于学生的,教育的目的也是将教师的信息更多地传授给学生。而在混合式教学模式中,学生可以直接获得大量信息,教师与学生之间的信息不平衡状态也将慢慢地被打破,学生的自我发展和自我完善成为教学的新目标,促进学生的个人发展是以人为本的学习过程的原则。

(二)激发学习兴趣原则

培养学生的学习兴趣是学生积极主动学习的重要条件,也是取得理想教学效果的一个重要前提。由于有些学生对学习日语缺乏兴趣,有畏难情绪,所以刚开始授课时,教师要时刻注意激发学生的学习兴趣,打消其畏难情绪。例如,通常学生都知道"英语是哭着进去、笑着出来,日语是笑着进去、哭着出来"的说法,觉得学习日语比英语难得多。对此,开始授课时教师就要告诉他们日语并不像他们想象的那样难。当然,这并不是在欺骗学生,因为日语这种语言只要按照系统的语法去学习,对于逻辑思维比较成熟的大学生来说确实并不难。

七、简约性原则与丰富性原则

（一）简约性原则

教育学认为，教学认识过程是一种简约的、经过提炼了的认识过程，简约性是教学认识过程的基本规律。所以，在日语教学中始终贯彻简约性原则十分重要。虽然日语本身是否复杂还有待考证，但从最基本的规则这一点上可以说日语还是十分简单明了的。

因此，日语教学最好以最简单、基础的知识为主，教师在讲课时一定要注意紧紧围绕着基础知识对教材进行简略的概括和总结，能够分清主次，确保每堂课的内容都是最基础、最重要的内容，以适应学生的接受程度。实际上，对学生进行的日语教学的内容也是随着学生年级的升高而不断加深程度的，繁杂、深奥的知识通常也要到高年级再学习。不然的话，在初级阶段就深究起某个助词的详尽用法，不仅时间上完不成教学计划，而且学生们宛若听天书一般，也就更加让他们厌倦学习日语了，其学习效果不难想象。因此，日语的简约性原则也是前面提到的激发学习兴趣原则的重要保障。

（二）丰富性原则

为了促进学生日语素养的全面发展，教师还应该进充分把握丰富性原则。下面以日语阅读为例。

首先，在日语阅读素材的提供方面，教师应该把握丰富性的原则，为学生提供大量与他们当前的阅读水平相适应且题材和话题丰富的日语阅读素材。例如，为了紧跟时事并吸引学生的眼球，促进学生在课堂上深度思考，教师可以结合当前社会上的一些热点话题，为学生提供相关的阅读素材。

其次，在进行日语阅读教学活动的设计时，教师也应该把握丰富性的原则。也就是说，教师应该根据本班学生的日语学情，并根据不同文体的信息分布特点等相关因素，设计学习理解类、迁移运用类、实践创新类等不同内容和不同形式的日语阅读教学活动。

八、精讲多练原则与课堂吸收原则

（一）精讲多练原则

精讲多练原则是指在日语教学过程中，在保证日语知识体系基本完整的情况下和在学生的思维能力允许的范围内，教师要选取有代表性的少量语言材料，分析、归纳其中包含的零星、分散的语言现象,用最短的时间以最简洁明了的语言讲授给学生,以便学生可以利用尽可能多的时间来反复操练已学过的知识,达到熟练应用的目的,充分发挥学生的主观能动性。实施这一原则是素质教育的要求,素质教育使我国固有的教学体制、教学观念、教学方法都发生了根本性的变化。

长期以来,我们一直重视教师的主导地位,一味地讲授和灌输知识,并认为讲得越多,学生也就学得越好。事实上,这样的教学模式并不能确保学生真正能学会、学通。我们要想改变这种现状,就要遵守一种充分发挥学生主体作用的教学原则。

中国自古以来就形成了"只要教师做到讲解清楚、解决疑难问题、给学生确切清楚的答案和结论,学生就一定能学好,且教得越多、学得就越好"这样一种传统教育思想。特别是由于受到"应试教育"和"片面追求升学率"思想的冲击,少部分教师视学生为接受知识的容器,不停地讲、不停地传授,置学生主体地位于不顾。

其实,教学过程是师生的双边活动过程,应以学生为主体、以教师为主导。特别是在从"应试教育"向"素质教育"转变的今天,必须改变教师讲得过多过细的传统做法,从而给学生留下思考的余地和吸收的时间;否则就会使教师的思维代替学生的思维,教师的认识结果代替了学生的认识过程。因此在实施素质教育的今天,精讲多练原则就显得尤为重要。

(二)课堂吸收原则

学生的专业学习压力较大,很难保证有大量的时间来学习和复习日语,因此教师应该注重贯彻课堂吸收的原则,充分利用课堂的学习时间,在有限的时间内争取让学生掌握尽可能多的知识,减轻他们课后的负担。大学生一般都具有良好的学习习惯,课堂上的学习效率十分高,一般都十分积极地配合教师讲课。因此,我们更应该贯彻落实课堂吸收原则,让学生在课堂教学中就能够吸收大部分知识点。

学习单词部分时,可让他们利用分钟时间快速记忆,看谁在最短的时间里记得最多。这不仅锻炼了学生的快速记忆能力,而且节省了时间,加深了记忆,增强了记忆效果。为了保证学习的知识是最为基础和有用的知识,可将每节课的单词按照常用性和重要性进行分类。尽量选择生词量不是很大的教材和材料,把词汇部分进行汇总,再进一步进行划分:一部分为必须记住的,一部分为知道意思的,一部分为了解的,确保学生们在课堂上吸收必须记忆的单词。

在讲授语法时贯彻课堂吸收原则更为容易。语法往往具有很强的逻辑性，只要在讲课时把语法中的逻辑性、关联性以及语法现象产生的原因讲清楚，对于逻辑思维较强的大学生来说，在课堂上吸收所学知识是不成问题的。讲授语法时，能合并讲的就合并讲，把相似的和同一体系的内容放在一起讲，不拘泥于教材的内容和进度。

通常情况下，由于受篇幅的限制、体例的制约和授课时间长短的影响，教材往往只能自始至终按照一套基本原则进行编著，缺乏灵活性。

而由于每节课之间的关联并不是绝对严密的，所以相对来说课堂教学要灵活得多：难的部分可以适当延长时间，而简单的部分则可以一带而过。既可根据语法来讲，也可以根据使用习惯来讲，还可以根据合并"同类项"的原则来讲。总之，就是怎么好理解、怎么容易被接受就怎么讲。只要贯彻了这样的原则，对于善于学习和理解的大学生来说，课堂上吸收大部分所学知识基本上是不成问题的。

第三节　大学日语教学的要素

一、日语学习者

（一）日语学习者相关理论

关于日语学习者的研究，主要集中在对学习者学习策略以及学习需求和身心发展状况的研究上；并指出教师为了达到良好的外语教学效果，需要在了解外语文化背景知识的基础之上，充分利用适合学生身心发展特点的学习策略，制定符合学生实际的教学策略，充分发挥学生的主体作用，调动学生的学习积极性，确保学生在学习语言知识的基础之上，形成对该语言文化的感知与理解。

（二）影响语言习得的个人因素

1. 生理因素

生理因素区别于其他因素的关键在于其具备"不变因素"。"不变因素"指不因外部环境的改变而改变的因素，学习者的年龄、语言天赋则是二语习得者在习得过程中不可忽视的两个生理因素中的不变因素。

很多人认为只要我们努力学习，无论年龄大小都可以很好地习得语言。然而事实是，不同年龄的人在习得语言时有不同的优势和劣势。人类掌握语言能力的高低是由先天遗传因素和后天学习共同决定的，而语言天赋是我们经常忽略的一个遗传生理因素。

（1）年龄差异

年龄作为生理因素中的主要因素，对第二语言习得存在一定的影响。语言学习中常见的一种现象，就是随着年龄的不断增长，我们学习一种语言的过程会越来越困难。为什么会出现这种现象呢？这就与语言习得关键期假说有关，即从2岁到12岁，人的大脑中的语言习得的区域具有可塑性，儿童能够无意识地习得母语。二语习得过程中，在关键期结束前，语言还未定型，易受其他语言的影响；在关键期结束后，语言已经基本定型，不易受到干扰，习得的第二语言则不易损耗。因此，年龄对第二语言习得的影响是存在的。

另外，各个年龄段的学习者在二语习得方面具有不同的特点。孩童和青少年的模仿能力和短时间内的记忆能力较强，使用的学习方法也很灵活，他们的语言学习效果能够在语言环境中得以表现。因此，他们在语音方面占有优势，且不易损耗，但在词汇和规则的习得上则不如语音，且易损耗。对于成年人来说，他们的模仿能力和记忆力也和12岁以前有着很大的差别，但是他们的理解能力较强，善于分析和掌握语法规则。因此，成年人的词汇和语法不易损耗，语音易损耗。

（2）语言天赋

我们在教学生学习一种语言时常常会出现这样的情况：有时候，一些学生在学习语言时学习速度快且学习效果很好，而有一些学生，不管他们怎样努力学习，他们一直在原来的水平裹足不前。这样看来，我们可能会提出一个假设：学习语言是否也需要天赋呢？

从常识来看，一个人的语言天赋应该体现在语音上。如果一个人没有接触过这种语言也没有进行过专业学习，却能很快地抓住这种语言的语音特点，我们可以说这个人的语言天赋很好。

另外，还有一种常见的情况：一个学生测试成绩很差，但他的语音模仿能力却很强，发出的语音很地道，这样我们也可初步认为他的语言天赋很好。那什么是语言天赋呢？即有的学习者可能在模仿语音方面具有天赋，有的可能记忆力好能够记住大量的词汇，有的可能具有较强的理解能力，因而学习语法较快。由此可见，语言天赋对学习者学习语言的语音、词汇、语法都有一定的影响。

2. 心理因素

（1）学习动机

动机是激发和维持有机体的行动，并使其行动导向某一目标的心理倾向或内部驱动力。社会教育模型和二语动机自我系统中的经典维度并不能完全取代彼此。有学者指出，融合型动机与理想二语自我是身份认同的两种互补形式，分别是外在和内在的身份认同，综合考察宏观和微观动机研究中理想二语自我、语言学习兴趣、文化生活融合、信息媒介、对目的语本族语者的态度、个人发展六个核心维度的特点及其关系。

①理想二语自我。理想二语自我指学习者希望拥有的二语特征。理想二语自我显著影响语言学习的成效、动机行为及努力程度，同时也受其他动机维度的制约。对二语文化社团的态度和提升型工具动机（为追求事业成功等积极因素而学习外语）是中国、日本、伊朗学生形成理想二语自我的先决因素。

②语言学习兴趣。语言学习兴趣指语言学习带来的内心愉悦或满足感，是语言学习动机的关键要素。该维度直接影响理想二语自我的构建，也显著作用于目的语水平、文化身份认同、二语自我效能、二语学习行为等，同时受环境等因素的影响。

③文化生活融合。文化生活融合指对目的语及目的语文化持开放态度，愿意与目的语社团互动交流。文化生活融合对语言学习成绩、学习行为具有显著影响，也与其他动机维度关系密切。

④信息媒介。信息媒介指通过目的语媒介获取信息的学习动机，体现了外语学习的实用性目的，是工具型动机的重要组成部分。目前，有关该维度的研究相对较少。北京大学高一虹教授对北京5所高校约1300名学生开展了为期2年的跟踪研究，发现信息媒介是他们学习日语的主要驱动力之一。

⑤对目的语本族语者的态度。对目的语本族语者的态度指学习者对目的语社团的看法和态度，直接影响语言学习效果、行为及其他动机维度。研究发现，该维度影响匈牙利小学生融合型动机的形成，对中国、日本、伊朗等国大学生、中学生及专业工作人员的理想二语自我、提升型工具动机产生不同程度的影响，也对中国、日本、缅甸等国大学生的工具型动机影响显著。

⑥个人发展。个人发展指为了个人学业、事业发展而学习外语，属于工具型动机，与提升型工具动机的内涵基本一致。个人发展对语言成绩及学习行为具有直接作用，也与其他动机维度（如理想二语自我、对二语文化和社团的态度等融合型动机）相互影响。

综上所述，外语学习动机的不同维度之间相互作用，对语言学习成效影响显著；各维度之间的关系受国别背景的影响显著。

（2）学习态度

学习态度分为积极、消极和一般三种学习态度，积极的学习态度对于语言的学习非常重要。在学习日语相关知识过程中，如果学习者的学习态度比较消极，从内心很排斥学习日语，学习效果自然不理想；反之，如果学习者保持积极的学习态度，会达到事半功倍的学习效果。

（3）学习自信心

自信心指学习者信任自己能力的一种心理状态。具有较强自信心的学习者通常在学习语言中表现出自若的状态，能够把自己最好的状态呈现给别人，更容易发挥自己的水平，获得良好的学习效果。

（4）学习者的性格

学习者的性格分为外向型性格和内向型性格两种。外向型性格的学习者一般具有乐观、开朗、坚持不懈的特质，能够对日语学习产生积极的作用。内向型性格的学习者相对于外向型性格的学生较为安静，喜欢独处，在学习中不愿意跟教师、同伴进行沟通，这在一定程度上会影响学习效率。

3. 认知因素

认知因素对语言损耗有着一定的影响，认知因素主要包括语言学能、学习策略和交际策略以及认知方式。

（1）语言学能

学习第二语言所需要的特殊认知素质叫作语言学能。根据语言学家卡罗尔（Carroll）的观点，语言学能测验可以测验四项能力：语音解码编码能力、语法敏感性、强记能力、归纳能力，这四种能力分别影响着语言学习中的语音、语法、词汇。而第二语言学习者不可能同时具备这些能力，可能有的学习者语音学习能力强，有的语法学习能力强，有的记忆词汇的能力较强。由此可见，二语习得者语言学能的差异对语言损耗也有着一定的影响。

（2）学习策略和交际策略

学习策略和交际策略是学习者为了能够理解、掌握语言规则系统，使言语技能和语言交际能力得到发展，用来解决在语言学习过程中遇到的问题而采取的各种计划、方法、技巧。

在语言习得过程中学习者采取什么样的学习策略，对语言的习得和损耗会有一定的影响。交际策略是学习者为了能够顺利与他人进行交流而采用的方法与技巧。对二语习得者来说，其交际活动可以把学到的语音、词汇、语法等知识运用到实践中，并且也可获得交际技能。学习者在交际过程中采用的交际策略不同，久而久之，学习者在某一方面有所获得，在另一方面就有所损耗。

（3）认知方式

认知方式是人们感知和认识世界的方式，另外，也是学习者的学习方式。认知方式主要有场独立性、场依存性、审慎型与冲动型。

场独立性的学习者善于学习语言形式，能把语言项目分离出来，并且具有自信心，敢于在课堂上展示自己。所以，他们在语音、语法方面具有优势。

场依存性的学习者善于与别人交际，他们在不断的交际过程中不仅可以运用和巩固已学习的词汇，还可以从与别人的交际中获得新的词汇，所以他们在词汇方面具有优势。

审慎型的学习者擅长进行周密的思考，会反复进行确认；冲动型的学习者则相反，有时甚至会对问题的答案进行猜测。

由此可见，审慎型的学习者在词汇和语法的习得方面具有优势且不易损耗，冲动型的学习者在语音的习得方面具有优势且不易损耗。

二、日语教师

（一）日语教师需要具备的基本资质

1. 职业能力

（1）丰富的日语语言知识

作为日语教师，首先要具备丰富的日语语言知识。除此之外，更需要了解日本社会、文化、地域、教育、心理等方面的知识。因此，丰富的日语语言知识是日语教师首先也是必须掌握的职业能力。

（2）实践能力

日语教师除了具备丰富的语言知识，还要经过教学活动也就是实践将知识和技能传达给学生。教学实践是一项纷繁复杂的工作，它需要教师具备良好的实践能力，只有这样才能更有效地将知识传达给学生。

2. 自我学习提高能力

现代信息知识瞬息万变，即使是专业技能很高的教师也必须抱有探求学问的热情和求知欲，时时关注本专业的发展动态，要通过科学研究不断提高自己的学术水平，掌握科研规律与治学方法，丰富教学内容。因此，为了能够更好地培养学生，教师需要具有自我学习提高的能力。

3. 交流沟通能力

要想顺利地进行教学，教师必须和学生有良好的沟通，这是教学活动顺利实施的前提。教师必须了解学生的需求、所拥有的知识量、兴趣所在以及班级内部的人际关系、学习氛围等，站在学生的立场并找到共通点。

除此之外，日语教师还要和其他教师、班主任等多交流，了解学生在课堂以外的生活等情况，建立一种互相信赖的关系。

4. 多媒体运用能力

随着互联网技术的发展进步，教师的授课方式也不再仅停留在黑板和粉笔上了。这就需要教师会利用电脑、多媒体、网络等教学方式，将纷繁复杂的教学内容用幻灯片展示出来。例如，在介绍日本文化的时候，可以将现实的一些图片、影像在电脑上呈现出来，比教师口头空洞地描述更能激发学生的兴趣和热情。

（二）日语教师的能力提升策略

1. 组织区级培训，学习学科知识及教学设计策略

区域培训在发展学科知识及其教学策略方面有特殊的优势和价值。在区域活动中，培训活动设计可以以专家引领课程学习、教学展示活动和教师个体学习活动的相互配合，共同支持教师对学科知识及其教学设计策略进行学习。

（1）以专家讲座为引领，分享学科知识结构及其教学要求

专家讲座可以分为两个方面：一方面，通过梳理学科教材整体结构，引导教师在学习中提高整体把握教材结构的能力、分析单元知识内在逻辑的能力以及处理知识点教与学关系的能力。大学日语教学以培养日语专业学生的语言综合能力为目标，旨在提升学生日语文化素养。专家通过梳理学科教材整体结构，引导教师对日语学科知识的本质有一个很好的把握。教师通过专家讲座了解日语学科教材的整体结构及其背后的基本思想，讲座内容包括教学设计的重要性、教学设计原则、教学设计中存在的问题等。

另一方面，分析不同类型学科知识的本质特征及其教学要求。一线教师虽然在课堂教学设计方面拥有极强的操作性，但对于教学的本质特征把握不准确。通过聆听专家的讲座，教师以一名学习者的身份在头脑中形成关于教材结构、不同学科本质及其所蕴含的学科核心素养的理解。另外，讲座还可以使教师从不同角

度来观察学科知识，发散教师思维，开阔教师的视野，转变教师关于学科知识的理解和思考问题的角度，有利于调整教学策略，对教师的学习及能力发展起到重要作用。

（2）以教学案例为依托，展示学科知识分析及其教学设计过程

一方面，通过专题研究探索学习学科知识分析的路径、策略，以及如何基于学科知识特征设计教学活动。教学设计事实上就是教师如何去组织编排自己的教学活动进程，最终必须落实到对教育教学活动进程的设计上，也就是落实到对于课堂教学结构的设计上。从学科知识体系内部的结构特征和相互关系的角度来表征知识，认识和分析学科知识的结构和本质特征是制定教学策略的前提。但如果只重视对教学策略的分析，忽视教材中各个单元间的相互联系是无法进行有效的教学设计的，因为设计的本质是将诸多内部因素组织起来以适应外部因素要求的一个系统工程。在开展的专题研究中，通过交流研修作业等形式来不断加强对专题的了解，整合多个教师的研究成果，也可以在展示研究成果之后或在活动结束后撰写自我反思。

另一方面，通过教学案例展示专题研究成果。基于对典型案例的深入分析，提升教师对学科内容知识的把握能力，以及基于特定学科内容知识的特征设计教学策略的能力，即通过具体的实践将理论知识内化为个人教育经验。基于某一特定的主题，首先在线上开展优秀课堂参评活动，借助网络教育平台鼓励大家参赛研讨，经选拔后着重将一些优秀的教学案例放在线下进行展示。这样通过线上与线下相结合的方式，既有利于将优秀教学案例进行展示，也能够帮助教师在观摩优秀教学案例后加强对设计特定主题内容的教学策略的理解。通过优秀教学案例展示，教师可了解日语学科教学课堂的具体设计过程，分析当前日语特定教学主题中存在的问题并提出解决方案。教学案例的系统解析具有较强的实用性，之后教师可以结合该教学案例的基本设计思路，在区域分享课中做进一步的细化，将其作为教学实验场来进行成果的实践。

（3）以教学实践为抓手，内化学科知识分析及其教学设计策略

基于学科知识分析及其教学设计的培训任务，引导教师开展以学校、小组或个体为单位的教学研究，并选取优秀研究成果开展区域分享、汇报活动。通过区域课例展示、分享和研讨会，着重分析本节课的教学侧重点以及分析特定内容的内涵，使得教师对于学科特定知识的理解更加直接具体。通过课例展示进行课后的反思和评论，进而对教学内容的选择予以重视。优秀教师通过成果课的展示，可以将自己打造成资源，以个人的能力提升为前提，带动本小组参加研讨活动，

最后可以将小组讨论的成果通过区域分享展示出来，促进教育资源的流动发展。教师在具备一定的教学能力后可以发挥重要的示范引领作用，对他人给予指导和培养。

2.组织校级培训，整体提升教师的学科教学知识水平

（1）通过读书交流活动分享学科知识及其教学表现

主要是通过读书分享活动扩展教师的跨文化交际知识、语言和技能知识等。教师可以通过多种途经和方式加强对跨文化知识的输入，通过读书分享就可以很好地开阔教师的跨文化视野。

但是，教师加强对跨文化知识的学习，不仅需要拓宽文化知识的宽度，还需要学会挖掘不同文化背景知识的深层含义，加强对跨文化知识的深层次理解。锻炼教师对跨文化内容的思考能力，要求教师在面对不同民族文化时不会以个人价值观念去片面评判任何跨文化知识，而是能够以一种客观、公正的态度进行批判与选择，尝试去感受不同文化的多样性存在，了解不同民族人民对待相同事物可能存在着不同的价值观念。而教师只有先站在跨文化知识背后去挖掘跨文化知识的本质，才能够在导入特定的跨文化知识时做到对学生了解跨文化知识进行深层次指导，不再以讲故事的形式强调不同国家文化形式的异同点；将教学重点集中于帮助学生分析造成文化形式差异的因素，利用自身不断深化的思维意识从更广泛的角度向学生传递理解跨文化知识的相关价值观念，鼓励学生从多角度分析跨文化知识的内容，最好能够站在跨文化的角度重新审视本民族的特定文化内容，进而培养学生对跨文化知识的理解能力。

（2）通过集体备课学习特定主题的学科知识和教学策略知识

一方面，分享教师对学科知识的理解，深加强教师对学科知识的把握；另一方面，分享教师对特定内容教学策略的思考，深化教师对教学策略、不同教学策略适用性及其可能存在的问题的思考。

集体备课可以以年级或学科为单位，组织教师集体研读教学大纲和教材，分析不同主题学科知识的结构特征与本质要求，加深教师对本学科知识结构的整体把握程度。可以每周指定具体时间，由某位教师针对一堂已经结束的课程进行汇报总结，细致地为其他教师介绍本堂课的教学设计、教学策略以及在具体的教学过程中遇到的教学问题，并且对所使用教学策略的利弊加以总结。其他教师在听取该教师的课堂授课情况的总结后，可以围绕教学策略的有效使用等有针对性地提出宝贵的意见和建议，并分享自己的经验和感受。

通过集体备课和教学经验分享等活动的开展，一方面可以集思广益，在很大程度上促进教师在教学思想、理念及技术上的交流，促进教师对学科知识结构的把握和学科教学知识水平的提升；另一方面也将构建起新老教师间的交流平台，最终促进日语专业教学水平的全面提升。

（3）通过课例研究整合性地丰富学科教学知识

在课例研究中，基于对特定学科知识内容的分析来设计教学策略，以整体丰富教师的学科教学知识。

第一，分析学科知识以设计和调整教学策略，包括分析学科知识的内容与特征、分析相关知识关联设计、分析特定内容背后的文化现象和内涵。

第二，分析课堂教学知识以合理设计学习活动，包括课前调研学生在特定主题学习中的基础、分析学生对特定主题的学习需求和兴趣、在教学过程中调研学生的学习疑惑和学习困难、分析学生在特定内容学习中的学习策略。

第三，整合学科知识和课堂教学知识以设计和调整教学策略。整合性地分析课程标准和学科知识，确定教学目标。分析学科知识及知识间的关联，整体把握学生学习路径。分析学生的学习疑惑和学习兴趣，设计驱动性问题。根据学习路径和学生的学习能力设计活动任务。检测学生的学习过程，调整教学任务和教学策略，测评学生学习成果，分析学科教学策略的优点、问题并提出改进建议。

3. 通过加深对学生的理解来反思自身学科教学知识的不足

第一，教师要了解学生的发展状况。教师在课堂教学过程中要抓住一切机会及时了解学生的学习情况，估量学生学习的实际表现，考虑到学生的学习困难，以便及时地、有针对性地给予必要的点拨，并根据学生的具体学习需求和问题灵活改变教学策略。比如在进行课堂练习时，如果发现学生的学习有困难，应当针对他们的问题予以认真细致的指导和帮助。为避免影响整体教学进程，教师可以进行追踪指导，直到克服困难、解决问题为止，并为每个学生做好"病史"记载，以便经常分析学生的学习动态。这样不仅能够保证学生对所学知识进行及时掌握，协助学生发现学习过程中的知识盲区，解决学生对特定的日语概念的理解偏差问题，而且能让学生经常感觉到学习的满足感和愉悦感，激发学生的学习热情。

第二，教师要弄清楚学生已有日语认知体系与能力。大部分学生在学习新知识时习惯基于自身知识经验来理解新知，当学生已有的知识经验有利于对新知的掌握和理解时，学生已有的知识经验会起到正向的促进作用，学生的知识经验也会得到重塑，进而加深对新知识内容的理解。但部分学生因自身经验不足导致对新知的学习产生一些负面的影响，所以教师在设计教学活动之前，应该根据学生具体的发展情况和学科教学内容的重难点来预估学生的已有经验，保证课堂教学活动的顺利进行；并且教师在课堂教学的过程中要把握好课堂教学的语言和语速，做到语速适中、语言清晰，避免学生在学科教学内容的学习过程中出现不必要的困惑，也有利于学生知识体系的建构。教师应该鼓励学生充分思考新知内容，勇于表达自己的主观感受和困惑，同时结合教材具体内容把握好课堂教学的重难点，及时解决学生的学习困难，达到基于学生已有的认知结构和经验进行课堂教学的目的。

第三，教师要认真分析学生真正的学习需求。教师在进行日语学科知识的讲授时，会遇到一些学生上课状态不佳、在课堂中处于游离状态的问题，这时教师应该及时关注这些学生面临的问题，排除外在客观因素的影响，思考学生的内在学习需求是否得到满足，帮助学生解答疑惑，创设能够满足学生内在需求的学习环境，而不是利用各种施压手段强制学生进行学习。教师应该激发学生的内在驱动力，尊重学生作为独立个体的自我意识，给予学生进行自我调控的机会，了解学生的内在学习需求，帮助学生在学校里找到令自身满意的学习动力。对于学生提出的一些要求，教师应该客观冷静地进行分析，帮助学生将学习变成一种自觉的行为。教师在进行日语课堂教学时要适当给予学生权利，让学生在拥有权利的同时满足情感需求，体会竞争的乐趣。学生在相对放松的状态下，内心的学习需求得到满足之后，可以更好地进入学习状态中。所以教师应该帮助学生体会日语学习本身的乐趣和价值，培养学生对于日语知识及文化的求知欲和需求，让学生在日语学习方面得到内心的满足。

第四，教师要依据实际情况适当地向学生补充文化背景知识。因为日语学习具有特殊性，所以教师不仅仅需要具备专业的日语知识，掌握日语基础知识和基本技能，还应该在具体的课堂教学活动中不断优化日语知识结构。实际上，对文化背景知识的补充要求教师及时掌握最前沿的跨文化知识，保证跨文化知识的鲜活性，符合时代发展潮流。同时教师要补充自身的跨文化知识，提高学生的日语文化素养，培养学生对文化差异的敏感度。尤其是学习具有跨文化交流重要意义的语言时，应着重强调对文化背景知识的补充，为学生提供了解跨文化知识的有效途径，向学生提供进行日语交际活动和合作交流的机会，帮助他们在自主探索的过程中体会与他人交际与合作的重要性，从而充满兴趣地进行课堂讨论，使日语学习更具价值、更富有意义。另外，也使得学生真正理解和掌握基本的日语语言文化，同时获得广泛的日语学习经验。

综上所述，通过组织区级培训学习学科知识及其教学设计策略，组织校级培训整体提升教师的学科教学知识水平，最后教师通过加深对学生的理解来反思自身学科教学知识的不足。教学的核心是思维，学生的学习需要思考。老子曾说："合抱之木，生于毫末；九层之台，起于累土。"想要成为优秀的日语教师，也需要进行不断的探索、思考和创新。

三、日语课堂

（一）传统日语课堂中的常见问题

1. 教学方法陈旧

日语课程是一门以日语为主要学习内容的语言课程。为了保证日语教学的稳定性，大部分学校会采用传统语言学科的教学方式，让学生在课堂上不断积累日语知识，从而让他们能够更好地学习日语。

但是，传统的日语教学方式势必会产生一些与现代语言环境不符的问题，不利于学生对对话用语、单词的读音等的学习，还会影响到日语的逻辑思维，造成语言描述能力、表达能力不足等缺陷。我国日语专业学生在教室以外的地方大多不用日语与他人打交道，因此，对于日常生活中的日语运用比较生疏，缺乏与他人进行交谈与沟通的现实条件。所以，与单纯地强调日语翻译能力相比，学生更应该学会基本的日语知识。

一些教师在日语课上采取了传统的授课方法，对教材中的知识进行逐一讲解，很难引起学生的兴趣，甚至有些同学的学习效率较低，很难在有限的时间里完成学业。传统的日语教学方法多为课堂授课，很难在有限的课堂上有效地提升学生的语言表达能力和人文素质。在传统的课堂教学中，由于缺乏对课后的指导与监督，学生在课堂内外都无法进行持续、高效的学习。所以，日语课堂教学模式改革势在必行，不然很难适应目前的复合型人才培养要求。

2. 理论教学与实践教学失衡

目前国内高等教育中日语人才的培养过于偏向理论知识传授，未能意识到提升学生的语言应用能力和交流实践能力才是日语教学的主要目标。绝大多数高校在日语教学目标设定上，将获得一定的学分、通过日语等级考试作为基本依据，而对这些内容的考查主要是从理论知识层面来评价学生日语素养的高低。

在日语教学中，任课教师以"填鸭式"教学模式授课，主要对教材中的单词、语法进行讲解，学生则处于被动接受的地位。这种教学模式不仅难以调动学生的课堂积极性，影响实际教学效果，而且缺少对语言实际应用能力的培养，无法适应社会对日语人才的需求。

3. 线上资源利用不合理

现代技术的发展为学生的语言学习提供了丰富的网络资源，课外的日语教学越来越受到人们的重视。现代智能设备（如手机、电脑等）与网络联结，使学生可借助语音助手的对话功能进行网上信息查询，从而解决一些简单的学习问题，以协助学生在日语学习中积累知识。

但是，由于网络中的自动翻译软件无法完全按照日本语言逻辑和语法进行翻译，因此无法对全部文本进行准确的解读，而且在某些情况下还会产生词汇连接词、语气词等方面的问题。因此在教学过程中，教师要充分考虑如何利用这些资源来促进学生学习。有些教师会利用网上的资源向同学们提供日语原版教学录像，让他们通过录像来练习日语会话，从而了解日语在日常生活中的应用。但是在日语教学中，学生很容易形成对网络资源的依赖性，从而影响学生的语言自主思考能力的提高，使学生在学习过程中陷入"瓶颈"。

4. 课程设置不够合理

在课程学习的时间分配上，部分日语课程的课时明显少于其他专业课，在有限的课时内需要兼顾语法、口语、听力以及跨文化等多方面的教学，课堂教学时间十分紧凑。

由于课时较少且每次课间隔时间较长，学生在课堂上回顾旧知识点、理解新知识点所需时间较长，每次教师需花费较多的课堂时间用于复习旧知识及讲授新的知识，难以在课堂上拓展课外知识、开阔学生的视野。除此之外，课时较少影响了学生对日语课程的重视程度，导致学习效果不佳。

5. 课堂教学内容不够丰富

日语教科书上的课文篇幅不长，主要侧重单词及语法的运用，人文素养方面的知识较有限。部分教师在日语教学中侧重日语语法及发音方面的讲解，而忽略人文知识的拓展。学习日语的学生较多地从教科书上了解相关知识，若教师局限于教科书上的知识点，会导致学生了解到的人文知识十分有限。所以教师应不断地拓展教科书上的相关人文知识，进一步丰富课堂教学内容，开阔学生的视野，培养其理解不同文化及进行跨文化交际的能力。

6. 教学考核机制僵化

高校对学生的考核主要以学年期末考试成绩为依据，其中分别涉及学生的卷面成绩和课堂表现。从日语素养培养方面来看，这种考核方式难以满足学生的专业能力提升的需求。

一方面，试卷内容大多是对本学年教材知识的汇总，教材内容较为枯燥乏味，考试难度较低，难以全面反映学生的专业素养。

另一方面，课堂表现主要由任课教师根据学生的出勤情况、课上答题次数等做出评判，具有较强的主观性，无法体现学生的整体学习情况。

以"基础日语"课为例。对学生的评价方式，大部分高校"基础日语"课仍然采用期末成绩70%、平时表现30%的静态评价机制，陈旧死板，不能真正对学生进行科学、准确的评价。教学实践表明，这种老旧落后的评价方式并不能完全体现和代表学生的实际学习能力和知识水平，无法通过反馈改善教学方法、提高教学技能，更无法体现学生的德育水平。

（二）日语课堂教学的优化策略

1. 改革教学方式

目前部分学生的学习积极性不高，课堂教学气氛不够活跃，教学效率不高。对此，要改革日语课堂的教学方式，以吸引学生参与课堂教学活动，提高学生的学习积极性。课堂上教师可采用以学生为主体、教师为辅导的教学方式。例如，在课堂上采用情境模拟教学法，结合课文内容将学生分成小组，2～4人为一组，让学生用所学的词汇及语法编写情境对话，进行角色扮演，在练习中更好地熟悉新词汇及语法。还可以在课堂上围绕课文的主题，让学生结合自己的情况用所学的日语进行演讲，以锻炼日语运用能力及表达能力。

除此之外，教师可以在课堂上布置学习任务，以锻炼学生的自主学习能力。例如，让学生针对课文内容设计问题并给出正确答案，加深对知识的理解；也可让学生互相纠正错误的表达方式，提高学习效率。利用以学生为主的教学方式能够调动学生的学习积极性，使学生更好地参与课堂教学活动，同时教师能及时了解学生的学习情况，更好地发挥导学及督学的作用，增强教学效果。

2. 改革考核方式

结合当前日语教学存在的问题，教师要改革考核方式，提高日语的教学质量。第一，借助各种多媒体平台激发学生日常学习日语的兴趣。可向学生推荐学习日语的 APP；并将有利于学生学习的视频发布到网络教学平台，促进学生利用课外时间继续学习，开阔其视野，提高其跨文化交际能力。

第二，优化考核模式。改变仅靠期末成绩、书面作业情况考查学生学习情况的方式，将学生在网络教学平台上的学习情况列入平时成绩的考核中，促使学生利用日常时间学习日语，以调动学生的学习积极性，促进学生自主、持续地学习日语。

3. 延伸课堂教学的时空两维空间

传统课堂封闭的时间和空间难免会使学生的思维受到禁锢，也不利于学生的实践应用。大学的学习本是多元化的，教师在完成教学目标、实现教学成果的同时，应该尽可能地打破学习中的时间和空间限制，让学生将日语知识学习融入日常生活中，而不只是停留在课堂之上。

当然，除了打破时间和空间限制外，教学方式和教学内容也应该是开放的，需探索更多元的教学方式并丰富教学内容。开放性的教学方式、学习方式在实施过程中有一定的难度，对教师的组织管理能力和学生的自我把控能力都是一种考验。教师应该提升自身的职业素养和专业能力，大学生要有明确的学习目标，合理管控自身学习行为。教师在课堂教学之后有意识地给予学生学习方法的指导，共同探讨日语学习方法的特点；在课后给学生发布训练任务，留课后作业，注意课后作业的丰富性。教师要重视自身语言能力的提高、知识素养的提升，积极拓展学生的课外知识，在进行知识讲授的同时注重进行日语文化学习，注重培养学生的跨文化交际能力。教师在课后给学生创设各种日语实践的机会，激发学生学习日语的兴趣，对个别学习上有困难的学生给予课后特别关注和指导。通过以上措施实现课堂教学的延伸，打破日语课堂教学的时间和空间限制，创造了学生充分汲取知识的机会，形成了从课上到课下、从课下到课上的日语学习循环。开放性的教学方式和教学内容能够培养学生的学习能力，激发学生学习兴趣，消除学生知识学习割裂的弊端，可有效提升学习效果和培养良好学习品质。

第二章 日语教学的理论基础

本章分为认知语言学理论、认知负荷理论、建构主义理论、语用学理论、元认知理论五部分，主要包括认知语言学理论概述、认知语言学在日语教学中的实际应用、认知负荷理论概述、认知负荷理论在日语教学中的应用、建构主义理论概述、语用学理论在日语教学中的应用、元认知理论概述等内容。

第一节 认知语言学理论

一、认知语言学理论概述

认知语言学（Cognitive Linguistics）发端于 20 世纪 80 年代初，发展成熟于 20 世纪 80 年代末。认知语言学在建立之初，就与认知科学的理论有着不可分割的联系，它可以说是以语言为研究对象的一门认知科学。具体而言，认知语言学以身体经验和认知为出发点，以概念结构和意义研究为中心，寻求语言事实背后的认知方式。认知语言学包括以下几个方面：范畴化理论、原型理论、概念隐喻理论、框架语义学等。

语言能够更好地使人类的思想认知和逻辑实现表达输出，这不仅是语言的基本作用，它也能够更好地反映出人类对于事物认知和发展规律的理解过程。因此，在语言体系的发展过程当中，认知语言学的诞生揭示了语言发展的脉络及过程。在不同语言体系的发展过程当中，人类的认知规律往往会由于受到语言表达和传递的影响而产生差异化的特征，特别是在受到经济和政治等多方面因素的影响后，这种差异会伴随着时间的积累而逐渐增大。这也导致了不同语言人群交流的困难性，必须通过对于共识的提取和隐喻内涵的挖掘等突出语言的认知功能和内涵价值，更好地促进世界的多元发展与包容共享，这也是实现全球交流与发展的重要认知基础。

认知语言学是一门认知科学与语言学相结合的新学科，自1989年在杜伊斯堡召开第一次认知语言学会议以来，掀起了新的高潮，并在现阶段变得极具影响力，尤其是在语义学和语法学方面。华莱士·切夫（Wallace Chate）、菲尔墨尔（Charles Fillmore）、乔治·莱考夫（George Lakoff）、罗纳德·兰艾克（Ronald Langacker）和伦纳德·泰尔米（Leonard Talmy）是致力于认知领域研究的最著名的语言学家，这些学者共同的一个重要假设是：意义对于语言是如此重要，以至于它必须成为研究的主要焦点。语言结构具有表达意义的功能，因此，意义和形式之间的映射是语言分析的主题。这个观点中的语言形式与语义结构密切相关，它们旨在表达可以而且应该研究的所有有意义的语言单元的语义结构。这一观点与当时艾弗拉姆·诺姆·乔姆斯基（Avram Noam Chomsky）语言学中发展的观点截然不同，其中意义是"解释性的"，是语言研究的外围。

认知语言学一直受到20世纪六七十年代出现的其他科学理论和发现的强烈影响，尤其是受到认知心理学的影响。到20世纪80年代后期，莱考夫、兰艾克和泰尔米等人全身心地致力于认知语言学的发展。莱考夫以他在隐喻和转喻方面的工作而闻名；兰艾克的思想演变成一种明确的理论，首先被称为空间语法，然后是认知语法；泰尔米在语言成像系统方面发表了一些越来越有影响力的论文。与此同时，吉尔斯·福康涅（Gilles Fauconnier）提出了一种心理空间理论，受到奥斯瓦德·杜克洛（Oswald Ducrot）观点的影响，该理论后来与马克·特纳（Mark Turner）的理论合作发展成为概念混合理论，同时与兰艾克的认知语法和莱考夫的隐喻理论相结合。

20世纪80年代还见证了语言处理的联结主义模型的发展。例如，布赖恩·麦克维尼（Brian Macwhinney）开发的模型中的重点是使用联结主义网络对学习进行建模，特别是语言习得。由此逐渐出现了一个连贯的概念框架，暴露了语言本土主义的缺陷，并将体验式学习置于理解儿童如何获得语言的中心位置。这一概念是迈克尔·托马塞洛（Michael Tomasello）实施研究计划的基础，他在20世纪90年代开始带头研究社会、认知和文化背景下的语言习得。大约从1980年开始，语言学的一些研究者更紧密地将语法与被生成理论割裂的语境联系起来。词汇、语言使用和语言的社会背景在很大程度上是独立自主地发展起来的，现在正与语法本身更紧密地联系起来。在20世纪90年代，认知语言学被广泛认为是语言学的一个重要专业领域。从认知语言学的视角看，由于说话者对语言的基本认知不同，在此基础上形成自己想象的认知操作方法，以表达他们在不同情境中的语义。例如，中国的汉字就是博大精深的代表之一，"谢谢"这一表达感谢的词语既可以用于感谢别人对我们施以援手的场合，也可以用来谦虚地回应别人的夸赞，还可以表示公共场合中的客套。但是日本文化不同，日语中表达感谢的"ありがとう"（谢谢）和"すみません"（对不起），在使用时需要根据人际关系中的上下级造成的尊卑关系以及血缘关系导致的亲疏远近关系而不断地调整语气和用词。另外，比较有意思的一点是，日本人在寒暄时还往往用道歉的方式表示感谢。

二、认知语言学在日语教学中的实际应用

（一）认知语言学在日语词汇教学中的应用

词汇是所有语言的基本构成要素，词汇理解准确程度以及储备充分程度直接关系到语言应用等高级语言能力的培养效果。认知语言学中对于新鲜事物的认知以基本范畴层面为基础，并以此向具体即向下发展成下位范畴认知理论，向抽象即向上发展成上位范畴认知理论。

在日语词汇教学中，教师可依据范畴理论对词汇进行分类，先对基础范畴内的简单词汇进行教学，然后按照引申教学的原则由易到难地对学生开展词汇教学。此外，教师亦应对日语词汇中的类义表达进行统一的归类，以引导学生对日语语言认知规律进行分析，构建自己头脑中的日语语言认知思维框架，以达到用认知思维深入学习日语的目的。具体而言，即在日语教学中以单词学习为基础，以认知语言学理论为指导，通过意象图式理论中推理及隐喻的方式对类词之间的关系、单个词语之间的关系、常见比喻词之间的关系进行教学，使学生掌握日语词语之间的关系构架，充分激发学生的日语学习热情，并在一定程度上减轻学生的学习负担。

（二）认知语言学在日语语法教学中的应用

日语语句的构成中最为关键的部分，是对格助词的语法含义的准确掌握与使用。日语中的格助词一般具有较多的义项，且都存在着多种抽象的语法含义。而在传统的日语教学中，教师并没有对这些格助词进行统一的教授，而是在不同的课程中进行分散式的讲解，这无疑给日语学习者带来了一定的困难。

认知语言学的研究表明，一个格助词的诸多义项均为该格助词原义项的衍生，而具有相近义项的格助词的根本区别则在于语言发出者的主观意图以及话语发出时的语言情境。因此，教师在讲解日语语法中格助词的应用时首先可讲解该格助词的原义，进而采用隐喻、类比的方式拓展相应的衍生规律并分析该词形成的义项框架，让学生头脑中的语法记忆形成体系而不是碎片。教师亦应在相近含义格

助词的辨析过程中，注重引导学生分析各格助词之间的关系。此外，教师针对日语语句架构中对于构成成分排列顺序要求不高的特点，可通过引导学生认知同一构成要素的语句不同编码形式下的不同含义，进而提高学生自身的阅读、写作、沟通能力。

（三）认知语言学在日语交际教学中的应用

语言学习的最终目的是实现该门语言的交际应用，而每种语言背后又都蕴藏着深厚的文化背景。日语学习中中日之间的文化差异与行为习惯差异不可避免地造成了沟通交流中的障碍，成为日语教学的难点。为了有效解决这一难题，日语教师在教学过程中应从认知语言学角度出发，从探寻日本民众的行为习惯及社会经验历史底蕴入手，研究日本人认知体系的特征，掌握日本语言表达的基本表征，在此基础上引导学生养成原生态的日语表达思维模式。日语是一门以简练为主要特征并与语境密切关联的语言，在教学中应注意引导学生强化对语言所处的文章及对话情境的整体理解和掌握，这样方可实现有效的语言交际，避免交流中因文化差异而造成的误会和认知差异。

综上所述，我们可以看到认知语言学理论给我们的日语语言教学带来了许多新的元素，提供了新的教学思路。日语教师可结合语言认知规律、日本语言文化，并关注日语学习者的认知感受，以此来丰富日语教学内容，激发学生的学习热情，强化学习效果，这将会给我国的日语教育事业带来新的发展空间。认知语言学虽然已经在日语教学中有了一定程度的推广和应用，但仍旧存在着诸多问题，对认知语言学理论一知半解的大有人在。因此，只有大力推广认知语言学在日语教学领域的应用，更新我国传统的日语教学模式和教学理念，提高在职日语教师的整体素质，充分发挥认知语言学的积极作用，方可实现日语教学质量的快速提高。

第二节　认知负荷理论

一、认知负荷理论概述

（一）认知负荷理论模型

认知负荷理论模型由认知心理学家约翰·斯威勒（John Sweller）在 1988 年首次提出，该理论模型将认知负荷定义为"特定的作业时间内施加于个体认知系统的心理活动量"。认知负荷理论详细探讨了学习或作业过程中的认知资源分配方式,并根据资源分配方式提出了调整资源分配的方案,在学习成绩或任务绩效的提升上得出了一致的结论。

认知负荷的提出基于两个基本假设:其一,人类的认知结构由长时记忆系统与工作记忆系统共同组成;其二,长时记忆系统的容量无限,而工作记忆系统的容量有限。在长时记忆系统中,信息储存有多种编码形式,因此长时记忆系统的认知负荷水平因编码形式的不同而有所差别。人类的长时记忆系统容量是无限的,但学习过程中的知识不会马上进入长时记忆系统,而是先在工作记忆系统中对来自瞬时记忆系统中的信息进行加工,同时从长时记忆中提取已有的知识,也就是说,相关的信息加工过程会先在工作记忆系统中进行。与长时记忆系统不同,工作记忆系统的容量和处理能力有限,且不能长时间保存信息。具体而言,工作记忆系统一次只能存储不到10条基本信息块。此外,工作记忆系统能够同时处理的信息量与信息的难度与信息之间的交互程度有关,当需要处理的信息较为复杂(可以看作学习难度较大)时,工作记忆系统能够处理的信息量会适当减少。此外,工作记忆加工信息的方式分为有意识加工和无意识加工。其中有意识加工会占用更多的认知资源,而学习和进行有目标的任务都属于有意识加工。

综上所述,由于学习属于难度较大的有意识加工,所以学习过程中产生的认知负荷必然较大,尤其是在学习内容较多或难度较大的情况下,很容易产生认知负荷超标的现象。在学习或工作过程中,一旦产生认知负荷超标的现象,就会导致学习者认知难度增加,整体效果不理想。这在学习中是常见的现象,当需要学习的内容特别难或者很多时,就会使学习者感觉难度增加,学习效果不佳,甚至产生心理障碍。然而过小的认知负荷则容易造成难以集中注意力、失去挑战性等现象,因此如何在学习过程中控制适当的认知负荷水平是需要探讨的问题。为了解决该问题,斯威勒等人根据影响认知负荷主要因素(即学习材料的复杂性、学习者的先验知识水平与学习材料的设计和呈现方式)的来源及性质,把认知负荷分为三大类,即外在认知负荷(ECL)、相关认知负荷(GCL)和内在认知负荷(ICL)。这三种认知负荷与三种认知加工类型相对应,并与空余认知资源共同组成学习者在学习过程中的工作记忆总容量(TCL)。

(二)认知负荷的三个维度

1. 内在认知负荷

内在认知负荷是由学习内容自身的难度特性(即需要处理的信息量以及信息

的交互水平）决定的，同时受到学习者先验知识水平、学习者的个人学习能力等边界条件的影响。具体而言，学习者进行学习的目的是在长时记忆中建立图式，而这个图式建立的过程就在工作记忆系统中进行。这就能解释为何材料难度较大或先验知识水平较低时会产生更大的内在认知负荷：当学习材料难度较大或超出学习者的先验知识水平时，相关的学习内容与学习者大脑中已有图式之间缺乏联系，因此工作记忆系统需要耗费更多的资源以在新的知识和已有的图式之间建立联系；当材料难度过大或与学习者已有知识相差甚远时，工作记忆系统还需建立新的图式。因此，基于工作记忆系统容量有限的假设，当学习材料难度大或学习者先验知识水平较低时，学习者会产生较大的内在认知负荷。

有学者根据决定内在认知负荷的两大因素的来源，把内在认知负荷分为外因决定的内在认知负荷和内因决定的内在认知负荷。由学习内容难度较大而产生的认知负荷属于外因决定的内在认知负荷，由学习者自身知识经验不足而产生的认知负荷属于内因决定的内在认知负荷。可以认为，内在认知负荷是学习内容的固有属性，因此教学设计无法完全消除内在认知负荷，但可以通过合理的教学设计和教学手段在一定范围内减少内在认知负荷。心理学教授理查德·梅耶（Richard Mayer）的相关研究结果也证明，在通过切块呈现等相关教学设计原则减少内在认知负荷后，学习者在学习后的测验中取得了更高的成绩，并且在学习过程中付出了更少的心理努力。

2. 外在认知负荷

外在认知负荷则主要与学习材料的设计和呈现方式有关，被认为是由学习过程中对学习没有帮助的无关处理（即外在干扰）引起的。当工作记忆系统进行信息加工时，被一些无关内容干扰后就会产生额外的认知负荷。

一方面，外在认知负荷占据了学习者有限的工作记忆容量，容易导致超负荷现象的产生；另一方面，这些与学习内容无关的信息可能会导致错误的组织，因此外在认知负荷的产生会阻碍学习进程，影响学习效果。多媒体学习情绪——认知理论视角下的外部情绪诱发（如在学习前观看搞笑视频、在学习过程中听音乐等）就属于会增加外在认知负荷的设计，因此这种类型的情绪设计虽然被证明能够诱发学习过程中的积极情绪，但对学习效果的提升并没有形成一致性的结论。很多单词学习APP会在学习界面中配上搞笑图片或趣味性记忆视频，但根据认知负荷理论可知，这种方式并不能很好地支持单词学习。由于外在认知负荷由不合理的设计产生，在教学设计中可以通过优化教学设计的方式来避免外在认知负荷的产生。在界面设计中，可以体现为更合理、简洁且直观的界面设计。而研究结果也表明，减少外在认知负荷能够有效提升学习者在学习后的测验中取得的成绩，同时在内在认知负荷更大的情况下，减少外在认知负荷的设计效果会越好。

3. 相关认知负荷

相关认知负荷属于对学习有利的认知负荷。当学习者在完成任务过程中主动将空余的认知资源投入与学习直接相关的处理中，就会产生相关认知负荷。尽管相关认知负荷也会占用认知资源，但与外在认知负荷不同，相关认知负荷不会对学习效果产生负面影响，反而会提升学习效果。其原因在于相关认知负荷占用的工作记忆资源主要用于建立图式等和学习相关的过程，这些处理过程往往帮助学习者获得了更好的学习效果。相关认知负荷的产生是用户主动投入学习的象征，与学习者的学习动机相关。而学习者的学习动机也可以分为内部动机和外部动机，内部动机属于学习者的自我驱动，而外部动机属于通过教学设计对学习进行的驱动。例如，在使用单词学习APP进行单词学习的过程中，学习者对单词学习抱有较高期望而产生的动机属于内部动机，而通过APP设计的学习奖励所产生的动机就属于外部动机。

总而言之，在教学设计中，应尽量促进学习者的空余资源向相关认知负荷投入。在教学设计中，相关认知负荷的产生方式与外在认知负荷的类似，可以通过情绪诱发的方式产生。但其区别在于，能够促进相关认知负荷产生的情绪诱发属于内部诱发，通常来自与学习相关的内容（如能够较好解释单词含义的配图）。当然，也有学者对此进行研究，结果发现，通过外部趣味视频能够诱发积极情绪、增加相关认知负荷，但同时由于视频内容与学习不相干，增加了外在认知负荷，因此该设计方式未对学习测试成绩造成显著影响。而对多媒体材料的视觉设计能够增加相关认知负荷，同时未增加外在认知负荷，因此对学习测试成绩有显著的提升作用。据此可知，多媒体教学材料的视觉设计属于内部设计，能够促进相关认知加工（增加相关认知负荷）、提升测试成绩。此外，"多种媒体呈现原则"被认为是增加相关认知负荷而不增加外在认知负荷的有效方式，心理学家康诚基于"多种媒体呈现原则"对多媒体教学材料中的信息呈现方式进行进一步探究，结果再次验证了此结论，即在多媒体教学材料中使用图文结合方式讲解优于文本讲解，并且图文结合的讲解方式能够增加相关认知负荷，最终提升学习测试成绩。可见，当相关认知负荷增加时，用户会产生更大的学习动机，从而投入更多的努力，最终取得更好的测验成绩。

（三）认知负荷的调节方向

借助认知负荷理论，能够实现对学习过程中认知资源分配的优化，以形成符合学习者认知规律的设计。并且由于认知负荷理论进行了清晰的分类，所以为教学设计提供了更加清晰的方向与框架。基于对每一种认知负荷作用及效果的综合考虑，多媒体教学设计可从减少内在认知负荷、减少外在认知负荷以及促进空余资源向相关认知负荷投入三个维度展开。关于该调节方式，需要注意的是，尽管基于认知负荷理论，教学材料的设计涉及相关认知负荷的增加，但内在认知负荷、外在认知负荷和相关认知负荷的总量应控制在工作记忆总容量的范围内，三者总和不能超过工作记忆容量的范围，否则也会对学习效果造成负面影响。因此，在教学设计中增加相关认知负荷的前提是认知负荷的总量不能太高。在工作记忆总容量范围内增加相关认知负荷，学习效果与相关认知负荷呈正相关；而工作记忆总容量超载后再增加相关认知负荷，学习效果与相关认知负荷将呈负相关。

二、认知负荷理论在日语教学中的应用

目前，认知负荷理论在我国日语教学领域的应用还未见先例。因此，我们将在深刻理解认知负荷理论的基础上探讨其在基础日语课程教学设计中的指导意义和具体应用，结合教学改革和日语课程的教学实践，利用语言、图像两种编码，运用思维导图、动漫、多媒体等多种手段，以找到新颖有效的方式方法减少外在认知负荷，增加相关认知负荷，从而提高课堂教学效率，提升教学效果。

要控制认知负荷，首先应该选用一套合适的教材。目前，日语课程的教科书种类繁多，教材的编写思路也不尽相同。有些偏重于表面化、目标比较分散、信息量大、注重自主性、重视归纳总结、不重视语法系统的系统性；有些注重文法的解释与说明，条理清晰，但往往会让人过度专注于文法而忽视其他方面，从而失去许多学习日语的乐趣；有些则侧重于进行拓展训练，强调学生的主体性，而对内容的讲解则太过简单，无法解答学生在学习过程中出现的种种困惑。这就需要教师在选择教科书前对多种版本的教材进行细致的分析，然后根据教学实际需求和学生特征选择合适的教科书。这种方法能有效地减少学生的学习困难，减少教材的内部认知负担，促进师生合作，激发学生的学习兴趣，增加相关的认知负担。

选择好教科书后，要从课前预习、课中、课后复习三个方面着手。教师在课前让学生进行预习，有助于建立教学内容的框架，并能有效地减轻学生的内在认知负担。例如，教授日语入门课前，教师可以根据实际情况安排特定的预习任务，让学生能够掌握关键词汇，提前熟悉语法结构，从而减轻课堂教学中学生的心理负担。而且将所学的知识运用于课堂教学中，能够使学生得到更多的成就感，进而增强他们的学习兴趣，增强他们的注意力，进而达到增加相关认知负荷的目的。课程学习的重点是教学过程中的几个重要环节的设计。在引入过程中，教师"导"得好，学生才能"入"得好。由于日语课程的教学模式是非常全面和丰富的，因此可以引入的教学形式和教学内容也是多种多样的。例如，能引起学生兴趣的动画视频、日本传统文化、新闻逸事等都是可以引入的素材。学习者的兴趣与其对认知资源的投入有很大的关系，因此，相关认知负荷的大小也会受到影响。所以，如何在教学过程中调动学生的兴趣、提高学生的参与度就显得非常重要。在新知识的传授与学习中应注重精炼，避免过度的机械操练消磨学生的兴趣与耐心。但是，因为日语的教学对象多为日语新手，所以不能彻底消除机械练习，以免影响学习者的学习效果。另外，要重视其他因素的影响，避免使用过多的案例、视频、图片以及 PPT，从而消耗学生的精力，增加外部的认知负担。但是恰当的扩展可以丰富学生的背景知识，有助于学生构建图式，所以正确把握"度"是关键。

在教学方式上，采用小组讨论、互动教学等方式提高学生的参与度，强调学生的主体性。在基础教学中，通过词汇、语法、动词的变形等方法，指导学生进行思维导图的绘制，使其能够更好地完成任务。日语课程的扩展练习是以输出为核心的，它可以为学生提供支持性的素材和结构，通过对话练习、演讲等方式来提高学生的英语学习效果。

课外作业也很重要。课外的有效复习与实践能促进"图式"的形成，促使学生不断地进行积累，从而促进内部认知能力的产生。在日语学习的初级阶段，课后作业不可避免地有背诵、记忆等需要机械练习的部分。所以对学生来说，掌握一种行之有效的学习方式是非常关键的。作为一名教师，这一阶段应着重让学生找到适合自己的学习方式，而非盲目灌输。

第三节　建构主义理论

一、建构主义理论概述

（一）建构主义理论的主要观点

1. 建构主义认识论

在建构主义者看来，认识不是静止的、单一的、独立的活动，而是一个持续不断予以推进和构造的过程。在这个活动中，三个要素必不可少，即个体原有的知识经验、个体自身的不断积极探索及由基础和探索构成的持续构造。让·皮亚杰（Jean Piaget）在其《发生认识论》中对认识的观点做了明确的论述："认识由主体与客体的互动而产生，而非主体简单模仿客体，在此过程中，个体是积极的参与者。"因此，在建构主义者看来，认识不具备绝对性，而是以客观事实为对象的主体对客体的主观能动建构，会随着个人体验的不断丰富而有所改变。在认识的影响因素上，个体的主体性是认识建构过程的影响因素，主要表现在两个方面：一方面是个体参与社会文化活动时原有认知图式对新知识意义建构的影响，另一方面是个体在社会文化活动中与他人的沟通、协商、交流所产生的影响，二者都可以在不同程度上因主体活动的不同而为其认知图式带来不同程度的改变，都可以在不同程度上促进个体对知识的认识与意义建构。认识是一切学习活动的基础，建构主义认识论有助于学习者更好地把握知识的内在属性，因此，对建构主义认识论的学习也将有助于学习者学习该教育理论中的其他学说产生积极导向。

2. 建构主义知识观

建构主义知识观指出，知识是不可能抽离具体场景而存在的。同时，知识也会由于每个人不同的生活经验而有所差异，具有个体性和场景性，因而绝对客观的知识是不存在的。知识只有在具体的现实场景中才能体现出其意义，个体会将知识与现实场景相结合，得出对某一事物全新的认识，进而更加全面地了解它。总之，建构主义知识观强调知识并不是普遍适用的，需要因地制宜，需要不断与具体问题、具体场景相结合，才能发挥知识不可或缺的作用。学习知识的个体也需要灵活多变，做到具体问题具体分析，从而实现个体与知识共同发展。

3. 建构主义学习观

建构主义理论还对学生如何学习并构建起自身知识体系的学习观有涉猎。这种理论认为，学习是一个系统化的过程，这个过程包括对信息的吸取、遴选、分析和对自我的反思，从而使学习者的知识体系不断地加以重新调整和重组。总的来说，建构主义学习观对于学生学习观的树立具有很大的指导意义。它十分强调调动学习者的主观能动性，认为学习过程应是学习者原有的经验性、学习新知识的主动性以及两者的结合即建构性。

4. 建构主义教学观

建构主义的知识观和学习观最终都要通过教学来落实，因此建构主义教学观是建构主义教育理论的落脚点，也是需要我们重点关注的地方。纵观建构主义教学观，可以发现它包含制定教学目标、恰当运用教学方法和构建良好师生关系三个方面。在教学目标方面，它认为应是更好地使学习者吸收信息（知识）、促进他们个性的发展、为学习者社会责任感的建立奠定基础。在教学方法上，要采用支架式教学法等多种方法，而且不能拘泥于几种方法，而是要积极探索更灵活、更有针对性的教学方法，应对建构主义教学方法的原理进行探索，并应用于大学日语教学。建构主义教学观还认为，教学是"师教"与"生学"的结合，因此非常注意构建良好的师生关系，认为建立民主、平等、和谐的师生关系将推动师生间的有效交流。学生在教师的指导下，对知识有全方位、深层次的理解；教师从中也得到很多的启发，从而更好地促进自身专业素质的提高。

（二）建构主义学习理论

1. 建构主义学习理论的历史发展

建构主义学习理论是认知心理学派的一个分支，它由认知主义的学说发展而来。它最初是一种哲学思想，可追溯到古希腊时期，哲学家苏格拉底（Socrates）在学习上反对通过直接教学的方式获得知识。直至 20 世纪，教育心理学逐渐吸收建构主义的观点，并逐步向教学领域渗透，从而形成了建构主义学习理论。瑞士心理学家皮亚杰于 1927 年首先提出了建构主义的概念，并以"建构主义"这个术语来解释"人的思维结构的发展建构"。随后苏联心理学家维果茨基（Lev Vygotsky）提出的认知发展理论、美国心理学家罗伯特·斯滕伯格（Robert Sternberg）的智力三元论等丰富了建构主义的内涵，美国心理学家马修·沃克（Matthew Walker）又对该理论的内涵做出独特的解释。至 20 世纪 80 年代，恩斯特·冯·格拉塞斯菲尔德（Ernst von Glasersfeld）把建构主义提升到理论高度，明确提出建构主义学习理论这一概念。20世纪初人们对于该内容并不了解，至20世纪80年代杰罗姆·布鲁纳（Jerome Bruner）将这些内容概括整理并加以阐述，把日渐丰富的建构主义学习理论介绍到美国，从此对西方心理学产生了广泛的影响。建构主义学习理论传入中国并在中国形成热潮是在20世纪90年代末。

2. 建构主义学习理论的基本观点

随着社会的发展，建构主义学习理论逐渐在教学中取得优势。该理论的基本观点主要体现在知识观、学生观、学习观和教师观中。

（1）知识观

知识观是建构主义学习理论最核心的观点。不同于传统的知识学习观念，该观点在一定程度上质疑了知识的客观性和确定性，强调知识的动态发展过程。它体现在三个方面：第一，知识只是一种解释和假设，而并非准确表征客观世界。知识不是问题的最终答案，随着社会的进步，知识的确定性会被改变，并随之出现新的概念。第二，知识并不能统括世界的所有法则，其需要根据具体情况进行再创造；第三，每个学习者对客观现实的反应不同，对同一问题和知识的思考方向也大不相同。对知识的理解由学习者特殊的学习环境所决定，正如皮亚杰所说："知识并不取决于主体的内在构造，也不取决于其内在的性质，它是利用内在结构的中介加以认识。"

（2）学生观

学生观认为，学生由于受遗传、环境、教育等因素的影响，每个人表现出的学习状态是千差万别的。知识的学习不是单纯的信息积累，而是新、旧经验碰撞所引起的观念变化与结构重组，而学习的过程则是新经验与旧经验不断融合、相互影响的过程。所以，学习者的学习过程包括两个层面：一是建构新信息的意义；二是改造或重组原始经验。

（3）学习观

学习观认为，学习是指学习者有选择地从外部感知新的信息，再通过主动的建构生成知识意义的过程。因此，学习者需要自主进行探索、发现，并独立建构知识。"自主"是建构主义学习观的本质属性。

（4）教师观

教师观强调学生是知识的主动建构者。格拉塞斯菲尔德指出："知识和能力应是学生自身建构出来的，并非教师一字一句教授的，教师应该促进学生自身的意义建构。"因此教师要以学生现有知识为基础，把学生已有经验作为新知识的生长点，推动学生在已有经验的基础上发展生成新的知识。同时教师要及时了解学生的需要及意见，促进学生对知识的处理与吸收，进而让学生能够有效运用知识。

综上所述，建构主义学习理论认为学习是学习者在一定的情境下，借助他人的帮助、利用相应的学习资料通过意义建构而获得的，而并非靠教师的灌输。在该理论的基础上，建构主义者提出并强调支架式教学，此教学策略以学生为中心，在协作、情境等方式的作用下发挥学生的积极性、创造性，进而使学生高效地完成对当前知识的意义建构。建构主义学习理论的基本观点也为支架式教学的发展提供理论支撑。支架式教学策略是连接建构主义学习理论与教育实践的媒介，该教学策略能够将建构主义学习理论中先进的教育理念更好地应用到一线课堂中。

二、建构主义理论在日语教学中的应用

（一）建构主义理论与日语教学形式

当前教育背景下，社会要求学生具备基本的日语阅读能力、较为突出的日语翻译和听说能力，而这也是日语教学培养学生的基本目标。高校开设日语专业用以培养日语人才是为了适应社会对日语人才的需求，使毕业生毕业之后能够适应社会的需求，将日语作为自己交流和接受信息的工具，在自己的工作岗位上更好地服务客户，实现自身的社会价值。

然而，在传统的日语教学中，大多数日语教育者一般将自己作为课堂的主导者，占据对学习者进行控制和支配的主导位置，而让学生处于被动状态。因此，学生只是被动地接受"填鸭式"的日语教学，根本无法发挥自身的积极性和主观能动性，无法在教学过程中与教师互动。久而久之，学生的学习热情和兴趣就会有所下降。同时，传统的日语教学方式存在很大的缺陷，提高记忆力是学生提高学习效率的关键，尤其是记忆课堂上教师讲授的内容。虽然这一过程是学生记忆单词或者课文的有效方式，但是对学生来说并非出于自身意愿，而是教师强加的任务，达不到预期的效果。这根本无法激发学生学习日语的积极性，更不可能提高学生在日语学习中思考和构建框架的能力，这样的学生是无法达到专业要求的。此类传统教学模式是守旧的、没有创新精神的，这样培养出来的日语专业的学生也不能适应社会需求。

建构主义理论提倡的日语教学模式并不主张将教学形式拘泥于课堂上。如今，互联网如此发达，充分利用网络资源以及广阔的交流空间可以调动学生的积极性，培养学生专注的学习习惯，营造日语学习的良好氛围，从而实现增强学生日语学习积极性的目的，使学生在良好的教学氛围和学习氛围中提高学习效率、增强学习兴趣，享受师生之间以及生生之间的良性互动过程。当代日语专业的教师可在课前或课后给学生布置一些与教学内容相关的作业，不仅可以使学生课后继续学习日语，同时也加强了学生对网络的认识和应用。学生在完成课后任务的同时，其判断、观察和推理能力得到了很大的锻炼，其实践能力也得到了提高。同时，学生若是在完成任务时遇到困难，便会寻求同学或朋友的帮助，这也极大地增强了学生与他人交流合作的团队意识和能力。因此，我们可以发现网络资源在学生学习中发挥着积极作用。

如今，我国日语教育面临着我国高校无法为学生提供一个全日语交流的环境，用以锻炼学生日语各项综合能力的难题。本应予以高度重视的高校日语角也没有完全推广，学生一周只有一次机会与同学或者外教进行日语交流，而一周一次的交流机会根本满足不了学生对日语的训练要求。因此高校日语教育需要充分、合理利用网络，顺应时代的发展趋势，从而很好地解决这一难题。

高校日语教育者应该充分利用网络无空间和时间限制这一特性，以社会需求为根据，关注日语专业学生的发展，为学生创建一个良好的日语学习环境和日语交流环境，使学生的综合能力得以充分提高。但在日语学习过程中，高校应当坚决消除对学生学习乃至身心健康不利的网络资源，严格监督学生对网络的使用，加强校园网络监管，禁止学生浏览不健康网站。

（二）创建互动和开放式教学环境

对传统的教育模式进行改革可以彻底改变以往的"填鸭式"教学模式，运用网络资源实现教学时间和空间的课外延伸。与此同时，教师与学生应当共同营造积极、民主、和谐的学习氛围，使师生之间建立良好的人际关系，促进学生的身心健康发展。

教师在教学过程中应当主动与学生建立相互信任和相互学习的良性师生关系，积极营造有利于日语专业学生学习的氛围；并且在教学过程中，教师应当认识到学生的主体地位，加强与学生之间的互动，使教学充满趣味性和真实性，让学生在情境中学习语言。也可以以提问式的方法来实施交互式教学，通过提问和做游戏等互动环节加深学生对知识的掌握程度，教师通过学生对教学内容的反馈来衡量教学内容难度，根据学生的实际需求进行切合实际的调整。这种师生之间互动的学习模式能够更好地帮助学生学会日语语言的表达技巧和语法知识，而且可以更好地掌握所学知识，教师也可以通过这种方式更清楚地认识到自身教学中存在的缺陷，改善后以便获得更好的教学效果。

（三）发挥小组互动学习的作用

学习语言需要不断地交流，日语学习的进步也在不断交流的过程中得以实现。作为教育提供方的高校应当利用所有可以利用的教学资源为学生创建一个良好的学习环境。在日语教学课堂上，教师可以通过划分小组实现学生之间的相互合作和共同学习。但在实行过程中，教师应当对学生有较为全面的了解，以性格爱好、学习水平等为依据划分学习小组，使学习小组的分组更加合理，这对学生的日语学习有良好的辅助作用。首先，学习小组承担着巩固和深化教学内容的任务，通过小组合作的方式使学生对课堂内容有更加深入的了解。其次，同一学习水平、爱好相近的学生更容易建立良好的交流关系，学习进度也能得到较为合理的把握。此外，教师多样化的教学方式在划分小组后可以轻易地实现，游戏、戏剧、演讲等受学生欢迎的方式使学生在轻松自由的环境下得以展现，学生的综合能力得到了提高。

总之，建构主义学习理论在大学日语教学中的应用表明，日语学习是一个以学生为主体的积极主动的意义建构过程。该学习理论可以增强学生对自身学习情况的了解，促进学生加深对日语学习的认知，对学生起到监督的作用。

当然，建构主义教学理论对于课堂教学还具有非常重要的指导价值。

首先，提供先进的教学观点与理念。建构主义教学理论能够为日语教学提供先进的教学观点与理念，改变以往灌输式的教学形式，采用新型的教学方法、教学策略来讲解专业知识，增强课堂教学有效性。建构主义教学理论是我国课程改革工作的重要理论基础，被广泛运用到课堂教学及实践活动中。建构主义基于"批判死板教学方式"的立场，提出了一些新型、科学的教学理念，无论是在教学条件、教学方法还是在教学主体、教学目的方面都展开了全面化的诠释，较为注重提高学生参与学习活动的自主性、能动性，对学科知识展开"意义建构"，让学生成为一个善于思考、善于探究的实践者与学习者。同时，建构主义较为重视把学生作为课堂活动的主体，使其对课程知识进行建构、探究，教师不再是课堂教学的主体，而是要成为一位指导、帮助学生有效学习的教育者，从而为学生营造一个愉快、生动的问题学习情境，引发学生进行深度探索、思考，促使生生、师生间的互动。另外，建构主义较为提倡主体性原则、活动性原则、建构性原则，不再采用单一化的教学评价形式而是开展多元化的教学评价，充分挖掘学生的潜力，进而增强学生的学习自信心，使其获得综合性发展。

其次，建构主义教学理论能够为课堂改革指明道路。建构主义教学理论能够为课堂教学改革指明道路，鼓励教师创新教学模式，促使学生自主学习、探索学习，在师生互动模式下建构丰富且生动的课堂，以此来展现学生的建构学习过程，体现"学生主体、教师主导"的教育思想。同时，建构主义教学理论对教学主体、教学评价、教学模式、教学环境展开了详细的阐述，较为关注促使学生个性发展、尊重学生、以人为本的教育理念，为学生提供学习的具体方向，让学生有目的性地探索知识，提高课堂学习效率。建构主义教学理论把"赋予教学与学习以发展性、工具性"作为发展方向，通过创设真实的问题情境让学生在问题的引导之下展开学习，让学生的学习过程处于一种动态发展的状态中，不再采用"填鸭式"的教学模式，而是引导学生系统、自主地构建知识体系，提高其自主学习能力。建构主义教学理论提出了一些新型的教学方法、模式，注重把现代信息技术运用在课堂教学中，促使学生开展个性化学习，在体现学生学习地位的同时引导他们更为扎实、全面地掌握课程知识，培育学生良好的学科素养。

除此之外，建构主义学习理论更为关注实践教学，通过为学生创设情境、组织活动、开展多元评价的方式让学生在实践中获取知识、解决问题；拓展课内知识，进而优化学生的课程知识结构，培育学生良好的逻辑思维、发散思维，利用提问引导学生建构思维模型和知识模型，促使学生获得成长与发展。

第四节　语用学理论

一、语用学理论概述

（一）发展历史

语用学是在 20 世纪 70 年代才正式设科并成为一门独立学问的，但其研究内容却在 2000 多年前的古希腊罗马时代就有过讨论。现代语用学概念的提出者是美国的逻辑学家查尔斯·莫里斯（Charles Morris），他在 1938 年出版的《符号理论基础》中提出了符号研究的三个方面: 符号关系学、符号意义学和符号实用学。

语言作为一种符号依此可以分为句法学，语义学和语用学三个研究平面，而这三个平面是层进的，层层深入，后一个领域要比前一个领域讨论更深入更复杂。从历史上看，这三个层面的发展历程也是层进的。在19世纪以前，语言学还不是一门独立的学科。直到20世纪初弗迪南·德·索绪尔（Ferdinand de Saussure）喊出"就语言而研究语言"的口号后，语言学才真正成为一门内容丰富、有完整理论和系统方法的学科。然而以索绪尔为代表的结构主义学者是以语言内部体系结构为主要研究对象的，是典型的语法学的研究。但是，语义是语言的重要属性。如果忽视语义去研究语言将很难有大作为。例如，语法中的主动宾结构，"我上学""他出门""妈妈买菜"等句子固然是符合语法要求和合乎逻辑的，但是"书吃凳子""玻璃撞人"这些符合语法要求的句子在语义上却是混乱且不能理解的。因此，在20世纪70年代初，又形成了解释语义学派和生成语义学派，将语义的问题提到重要位置上来。

然而，在逐渐深入的语义学研究中，人们逐渐发现有些句子无法用义素分析法和语义场理论来解释。例如，一句话除了表面含义还有什么深层含义？这样的问题应该如何分析和研究，这就涉及语境的问题。诚如英国语言学家杰弗里·利奇（Geoffrey Leech）所说的，语义是"两价的"（即 x 的意思是 y），但语用是"三价的"（即"通过 x，s 的意思是 y"）。但实际上，语用涉及比这个理论更多的要素，由此开始了语用学的研究发展。1977年《语用学杂志》在荷兰的创办、1986年国际语用学会的成立标志着语用学成了一门独立的新兴学科。而我国的语用学研究是从20世纪80年代才开始的，由北京大学教授胡壮麟、复旦大学教授程雨民等学者翻译引入、出版的文章对我国语用学的研究有重要的推动作用。

（二）理论介绍

语用学又叫语言实用学，是研究语言语用及其规律的学科，是对语言相互作用中意义的研究，涉及四个重要因素：听话人与说话人、对意义的相互商榷讨论、话语发生的语境和话语所能表示的潜在语义的可能性。这是语用区别于语义的所在。乔治·尤尔（George Yule）在他的《语用学》一书中曾给语用学下了这四个方面的定义：研究说话人的意义，研究语境的意义，研究言外之意、隐含的意义，研究语用距离的意义。从这四个定义我们就能看出语用学的相关理论主要的研究内容。以下五个论题是语用学理论中讨论最多的内容，对这些内容的梳理可以作为我们学习并使用语用学解决问题的参考。

1. 语言环境

语言环境（语境）是语用学中的一个重要因素，它贯穿着语用的全过程，是语言交流得以顺利进行的重要条件。语境是一个比较复杂的问题，各领域的学者都对其从不同角度展开过讨论与研究，然而各家对语境的观点是难以统一的。首先，在语境要素的讨论上，英国人类学家马林诺夫斯基（Malinowski）将语境分为文化语境和情景语境两大类；伦敦语言学派的创始人约翰·弗斯（John Firth）又将情景语境具体分为：参与者的有关特征如人物、人格等；有关客体；言语活动的影响和效果。其次，在语境的类型上也各有看法，大多数人认同把语境分为上下文语境、情景语境以及社会文化语境这三种。最后是有关语境的功能和作用问题。虽然这一问题也是相当棘手的，但值得肯定的是语境一定具备两种基本功能，即解释功能和过滤功能：前者帮助对话主体更好地理解话语交流中的信息，后者是帮助对话主体筛选表达时所应输出的信息。

2. 言语行为理论

言语行为理论是英国哲学家约翰·朗肖·奥斯汀（John Langshaw Austin）在20世纪60年代提出的。他认为，语言学研究的对象不应是词和句子，而是通过词和句子完成的行为。这一理论的出发点是：言语的使用总是和说话人的具体目的、意图联系在一起的，这种动机、意图和目的表现在说话中，就是不仅表达一定的话语意思，而且还完成了说话人的一种行为，因而话语有了种种功能。奥斯汀首先区分了两种类型的句子：叙述句和施为句。叙述句即陈述句，或者叫述事话语，用来陈述、描绘、说明某个事物或事情的状态、过程，例如，"这个乡村真是个美丽的地方""前天下午我们去了博物馆"等；施为句即祈使句，也叫行事话语，这类句子常常伴随着强烈的心理意向，诸如命令、请求、承诺、宣告等，例如，"请你帮我买瓶水""我发誓不是我做的"等。在此基础上奥斯汀划分出了三种言语行为，简单来说，其中的言内行为具有述事话语的功能，言外行为具有行事话语的功能，而言后行为可以看作是行事话语说出后达到的一种效果。例如，甲对乙说"帮我带本书回来"，而乙接收到这个话语含义后做出了"带本书回来"的行为，这就是言后行为。然而奥斯汀的理论在某些地方并不完善，美国分析哲学家约翰·塞尔（John Searle）在吸收奥斯汀观点的基础上对这一理论进行了修正和发展，提出了直接言语行为和间接言语行为，对我们进一步研究言语行为理论的应用具有重要的启发意义。

3. 语用原则

语用学中也涉及种种规则，其中合作原则和礼貌原则应用较多。合作原则是由美国语言学家保尔·格赖斯（Paul Grice）在1967年提出的，他认为人们之间的交际往来总是带有一定目的性的,而交际之所以能够顺利进行的一个重要原因就是对话双方都共同遵守着一样的原则。格赖斯将这一原则总结为质的原则(说什么)、量的原则(说多少)、关系原则(为什么说)、方式原则(如何说)四条。而当说话人有意违反合作原则,就会产生"会话含义"——一种超出字面意思的言外之意,如果听话人未能理解出来,那么这种"会话含义"就无法达到它应发挥的效果。这在我们日常生活中也是常有的现象。例如,甲说:"你觉得这个电影好看吗?"乙回答说:"门口那家店的爆米花挺好吃的。"这一对话中乙有意违反了关系原则,转移话题而寓"电影不好看"的含义在里面,如果甲未能听出这一言外之意,那么这一会话含义就没有实现。与合作原则密切相关,作为一种补充的礼貌原则,是1983年英国语言学家杰弗里·利奇(Geoffrey Leech)提出的,包括得体的、宽容的、表扬的、谦逊的、同意的和同情的六种原则。在一定程度上,合作原则的违反是因为遵循着一定的礼貌原则。关于语用原则,近几十年来,西方的语言学家一直在不断地探讨和发展,主要的还有荷恩级差原则、列文森三原则和斯珀伯、威尔逊的关联原则等。

4. 语用预设

语用预设是话语本身的一个前提,包含在话语的意思之中,是作为言语活动的参与者双方都已共知的信息或者根据话语内容推断得出的内容,包括存在预设、事实预设和种类预设三种类型。语用预设具有合适性和共知性两个特点,受到语境条件的制约。例如,"他现在不抽烟了"这句话就暗含一个预设信息——他以前抽烟。

5. 话语结构

言语交际过程就是信息传递和交换的过程,因此可以把话语的结构看作是信息传递结构。信息内容包含已知信息和未知信息,一般来说,由"已知"导入"未知"是最常见的信息结构模式。例如,"今天轮到王红值班了",这句话中"值班"是一个已知信息,而"王红值班"是一个新信息。而当说话人想要强调话语中的某部分新信息时就包含了一定的心理结构,通常以语序和重音的形式表现。例如,"没了,都没了,房子,车子",这句明显存在语序颠倒的话语透露出了说话人的崩溃心情。另外就是在话语中设置若干语义限制成分,一方面用来显示说话人的心理意图或态度,隐含某种意义,另一方面用来引导和制约听话人对话语信息的接受和理解。

以上就是语用学中最为重要的五个论题,虽然介绍篇幅比较短小,但在实际应用中分析这些研究对象和规则是十分复杂的。语用学既然是一门关于语言和文字运用的学问，那么语言发生时的一切都在它的研究范畴内，包括语音、字形、词汇组合、语法结构以及对话中的语气语调、感情色彩、前提背景、人物身份、社会文化等内容。这在一定程度上似乎已经脱离了语言的"管辖范畴"，但正是因为这个"脱轨"，我们才能在话语发生时捕捉到语言的奇妙与价值，从而帮助我们更好地进行理解、交流与表达。

二、语用学理论在日语教学中的应用

（一）对学生语用能力的培养

语用学的研究结果显示，语用理论在教学中起着举足轻重的作用。会话含义理论、言语行为理论、语境理论、关联理论、顺应理论等是语用学研究的重要理论。总而言之，语用学的相关理论在日语教学中起着举足轻重的作用。目前，我国日语教育中存在着把语言形式等同于交流的现象，忽视了语用知识的传授；仅仅教授一些基本的语言知识，忽视了不同文化之间的差别；仅仅关注语言的形态而忽视了语境对语用的限制。

的确，单纯地通过教授一般性的语言基础知识来体现并渗透日本语言文化，而不注重在不断变化的交流环境中培养学生的语言运用能力是错误的。语用能力的训练主要是训练学生对不同语调、语义、语境等方面的敏感程度，使他们模仿和学习目标语使用者的交流技能，并在一定程度上遵守语言使用的社会文化规范，从而实现有效的交流。

（二）对日语教学的实践意义

语用学的研究对日语口语、听力、阅读和写作教学具有一定的指导意义。从事日语专业教学的教师都清楚，不同学科的"口语""听力""阅读""写作"，由于教学目标不同、教学任务不同，教学活动的开展和教学的内在规律特征也不尽相同。因此，我们相信，它所应用的语用学理论也应当是一个重点。

日本特有的词汇，如称呼的多元性、敬语、待遇表现以及男女词汇的差异，都给日语学习带来了困难。在实际生活中，有些日语口语课很难被学生所接受，但放到实际的语言环境中就能轻松地解决。因此，在日语口语教学中，教师应尽量为学习者的语言活动创造情境，并尽量使他们进行大量的情境练习，使其更接近日本社会。把语用推理与关联理论运用到日语听力教学中去，注重培养学生的认知能力，从而促进学生的听说能力的提升。在日语阅读教学中，可以引入上下文的教学；考察词语在上下文中的指示意义和修饰搭配关系；通过对文本结构的分析，结合语用原则，如言语行为学、关联学等，可以有效减少语用错误，提高阅读的正确率。在日语写作教学中，除了要掌握词组、避免语法错误、组织文章结构外，还要掌握语用含义，掌握指示语、前提预设等恰当的用法，只有这样，才能轻松简单地写出一篇地道、得体的文章。

总而言之，在日语教学中引入语用学理论，可以使学习者理解语言的语用功能，理解言语行为的实际含义，并根据自己的意愿选择合适的语言。通过这种方式不仅可以掌握语言规律，还可以利用这种系统进行交际，最终达到教育目标。

第五节　元认知理论

一、元认知理论概述

元认知理论最早出现在 20 世纪 70 年代，是美国著名的心理学家约翰·弗拉维尔（John Flavell）提出的。元认知指的是人对自身认知过程的一种认识，包括自己是如何感知、如何记忆和如何思考的认知。元认知与我们平时常提到的认知不一样，人们平时说的认知代表的是人对客观现实的反映，例如，对于某段阅读材料的理解、感知、记忆及应用。元认知的能动性非常强，能够帮助人评价和调整自身的认知过程，保证认知过程的效率。总体上看，元认知结构涉及三个主要的方面，分别为元认知知识、元认知监控以及元认知体验，三者之间相互促进、相辅相成，存在着紧密的联系。把日语阅读教学和元认知理论结合在一起，能够提升阅读教学的有效性，提升学生的日语素养。

二、元认知理论在日语教学中的应用——以日语听力教学为例

（一）元认知理论在日语初级听力教学中的指导意义

听力是一种有目的的、积极提取有效关键信息的行为，而听力理解则需要听力活动的主体对于输入的语言信息进行解码、加工、意义重构和输出。在这一过程中，主体的积极参与显得尤为重要。

作为一名语言教师，与传授学生一种语言技能相比，教会其如何听、如何学，如何用正确的思维习惯和方式合理规划、监控、评估学习过程似乎更为重要，尤其是在语言学习的初级阶段，这也是元认知理论在日语初级听力教学中的指导意

义。具体来讲,就是彻底激发学生的内在动力和学习热情,让学生自觉主动地设置学习目标,制定学习方案,选择学习内容,设计学习环节,调整学习进度,评价学习效果,从而引导学生养成良好的语言学习习惯。

(二)教学流程设计

1. 日语听力课前准备

日语听力课的预习是日语听力教学中的一个重要环节,也是保证其顺利进行的一个关键步骤。盲目地进行听课、泛听、多听等,是影响日语听力教学效果的重要因素。所以在教学前的准备中,教师要充分了解学生的听力水平、知识掌握水平和学习风格,并对其进行合理的评价,使之成为本课程的基本内容,进而进行日语听力教学的设计。

2. 日语听力课前规划

教师要全面分析和整理日语听力中的重要点知识点,并充分考虑到学习者的认知层次和知识层次,以便更好地调整教学内容的深度。同时,要使学生充分了解日语听力教材的基础知识,使他们能够更好地发挥日语听力的作用,并能根据自己的能力和情绪的接受情况,制定自己的日语听力目标和学习计划。例如,部分学生的短期目标是正确辨别比较容易混淆的清浊音、长短音、促音等,并能分辨出同音异义、外来语等容易记忆错误的词语,以及掌握句子的结构和发音技巧。

3. 指导与监督

听中阶段是听力教学过程或听的过程的阶段。传统的教学模式往往忽视了对听力教学过程的精心设计,往往是老师在课堂上反复播放录音,然后对学生进行讲解或展示听力材料,使学生在听的过程中处于被动接受的状态。而将元认知引导引入到英语听力教学中,教师要在整个听力教学中认真地组织教学,引导学生在听完录音后对所讲的内容进行讨论,对不确定的信息进行确认,并对听力过程进行监督。为了提高学生的问题解决能力,在日语听力教学中注重元认知策略和认知策略的培养。

"元认知"教学模式倡导学生在听力教学中通过对比、讨论等方法,对学生的听力策略进行修正和调整。但是,在日语学习的初期,由于日语水平的限制,在课堂上就会出现汉语的混乱现象。所以,在日语教学的初期,应该以教师提问、引导为主,通过大学生参与的形式进行笔记的对比和探讨。另外,为了减轻大学生的听力负担、减少他们的听力焦虑,在听力教学中,不能强制要求大学生一次就能理解大量的知识，应按照听力材料的困难程度，将听力任务分成若干个项目，逐步使大学生理解听力内容。

日语听力教学过程元认知课堂策略，主要是在日语听力教学中针对学生而制定的教学策略，同时是教师指导学生自行监控自身听力情况的过程。在这一过程中，首先，教师的作用在于为学生提供与组织听力训练。举例来说，在实际的日语听力教学中，当学生听到新闻或者短文时，注意力应主要放在听力内容的首尾句与关键信息上，因为听力内容的首尾句往往是重点之所在，是能够充分表达主题思想的中心句，并告知听者这一段内容的大体意思。其次，教师应对学生的听力过程进行合理的指导与监控，掌握学生的表现，并对学生运用元认知策略的情况进行监控。在日语听力练习过程中，教师可以适当教给学生一些实用性的记笔记技巧，例如，以树形图的形式记录听力框架，使信息加工更加具有层次性、条理性。与此同时，学生在日常学习中应多加练习，以便于复习笔记中的重点知识，提升对日语听力的敏感度与自控能力。

4. 日语听力课后的评估与调整

在听完日语录音之后，教师应引入评估策略，指导学生针对自己的听力情况进行自我监测与自我评估。自我监测主要是指及时发现自己在听力过程中出现的错误，并及时调整自己的听力策略。教师可以指导学生在听力训练中随时将自己遇到的难点与问题进行记录。自我评估主要是对自己的听力水平与听力技能进行科学的评价。自我监测与自我评估的运用，能够使学生及时发现自己听力环节中存在的不足，并采取相应的加强措施，使学生在改进中不断进步与提升。与此同时，评估还可以端正学生的日语听力练习心态，使他们坦然面对自己的听力成绩，并按照自身听力水平不断调整元认知理论学习策略，进而提升听力水平。

第三章 日语教学的主要内容

语言作为一个整体，与其组成部分是对立统一体。言语是语言的使用，语言的使用形式是听、说、读、写、译。语言技能的学习不是孤立的，而是与语言知识的学习同步进行的，日语教学也是如此。本章分为日语知识教学、日语听力与会话教学、日语阅读与写作教学、日语翻译与跨文化教学、日语教学中的"课程思政"五个部分，主要包括日语语音、词汇和语法的知识教学，日语听力、会话、阅读、写作、翻译、跨文化、"课程思政"教学等内容。

第一节 日语知识教学

一、日语语音教学

日语是以"莫拉（mora）"为韵律单位的"高低音调语言"，音节结构为（C）V（R，Q，N）。其中，括号内的同处成分相互排斥。莫拉是一种等时性单位，用于反映音节的轻重，计时音层由 μ 组成，上与音节联结，下与音段联结，是韵律与音段的交汇点。莫拉理论认为，音节首辅音没有莫拉，短元音有一个莫拉，是轻音节，而长元音、长辅音或含有尾辅音的音节有两个莫拉，是重音节。根据莫拉理论，日语的元音、辅音结合元音以及特殊音位均占一个莫拉。

元音是语言当中构成音节的关键成分，每种语言都有其独特的元音系统。日语的元音音位有五个，且都有区别词义的长短对立。日语没有复合元音，即使出现不同的元音相连，也应分别视为音节，这也在一定程度上使得日语元音的发音具有稳定性，不会轻易随语音环境变化而改变。另外，当闭元音位于清辅音之间时会产生"清化"现象。此外，传统日语音系中还包括三个独立的特殊音位，分别是使元音延长一个莫拉的"长音（R）"、位于特定莫拉之间使后一音节的辅音提前延长一个莫拉的"促音（Q）"、使元音鼻化且占一个莫拉的"拨音（N）"，它们均不具备承担音调的功能。

辅音与元音的最大区别为元音是乐音，而辅音是噪音，且辅音须依存于元音。辅音不像元音那样具有较长的时长，因此其声学特性不易被觉察。日语辅音发音相对容易，有些与汉语相同或相似，但少数存在非腭化与腭化的音位对立。产出辅音一般分为成阻、持组和除阻三个阶段，日语辅音从发音方法上分为塞音、擦音、塞擦音、鼻音、闪音和近音。

日语的音调与大多数汉语系语言的声调以及印欧语系语言的词重音不同。日语的音调出现在词层面上，发生于莫拉之间的音高变化，通常用高（H）和低（L）两个调值来表示。从高音转变为低音之前的莫拉称为"调核"。日语有三个音调类型，音调类型取决于是否有音高急剧下降以及音高急剧下降的位置。另外，单词的第一莫拉与第二莫拉的音高一定不同。

日语语音教学大多采用类似汉语拼音的罗马字标记发音，使得学习者倾向于类比或套用汉语拼音进行语音学习。汉语拼音与日语罗马字虽同使用拉丁字母，但二者是针对不同音系提出的拼音方案，不可混为一谈。因此，教师不仅需要强调二者的区别，还需要就具体字母说明其语音特征。教师在语音教学的过程中，把握住教学的核心问题，抓住教学的重点。例如，教师在教授日语五十音图时，首先让学生认识到日语发音与中文发音在音调、音拍和音节等方面的不同，确保学生学习发音之后可以尝试去感知不同语音文化的差异性，然后通过播放多媒体课件和展示教学视频等表征形式让学生进行发音的模仿和练习，确保学生掌握正确的语音语调。接触日语的发音时，最大的难关就是学生长期以来形成的口腔内部发音习惯一时难以改变，而中文和日语的发音位置是不同的。学生在刚刚接触日语发音时受口腔内部发音器官的影响而无法准确地进行语音练习，又因口腔内部的发音习惯很难在短时间内发生改变，所以教师在进行语音教学时会让学生仔细观察老师的重要发音部位，即喉、唇、舌和口腔内部气流的冲破情况。通过这一直观的教学形式，让学生了解发音部位的作用，并及时进行口腔内部器官的调整与适应，保证学生的日语语音学习。

掌握正确的音调是说好日语的关键之一。由于音调的概念较为抽象，因此不同音调的高低特点易于说明，但具体音高的升降幅度却不易把握。加之日语单词的音调，尤其是名词的音调没有任何规律可言，需要逐个记忆，动词和形容词的音调会随着词形变化及后续黏着成分的不同而改变。可以说音调是所有日语学习者在习得语音过程中所面临的共同难题，不论其语言的熟练程度如何。不仅如此，日语音调的标记方法根据教材的不同而不同，常见的有数字标记和线条标记，数字标记又有正数与倒数之分，线条标记的具体实施也不尽相同。同时掌握这几种音调的标记方法无疑会加重学习者的负担，但又不可避免，甚至还需要学习者具备不同标记之间相互转换的能力。针对上述问题，学习者应当熟悉常见的音调标记，在此基础上通过反复听辨模仿不同莫拉数及不同音调的例词发音。学习者不仅可以提高对于不同音调音高升降幅度的感知能力，而且可以形成通过替换产出相同音调、不同单词的能力，其中包含特殊音位的例词需要强化训练。此外，学生在日语学习中，应当逐一学习不同单词的音调以及不同词性、不同莫拉数的单词接续不同黏着成分的音调变化规律，其中后者基于前者，后者可通过系统讲解的教材进行学习。学习者在日常学习过程中应当有意识地关注单词的正确音调，而作为大学日语教师群体，也应当不断改善自身发音水平，及时纠正错误。

一些日语教师日语语言技能水平较高，除却在初始阶段很少使用日语进行教学，大部分时间日语教师在上课的过程中会用日语贯穿课堂的全过程，为学生营造良好的语言应用氛围，帮助学生进行口语的练习。而学生也可以通过与教师和同学进行会话交流来培养对于日语语言本身的语感，提高综合语言应用能力。例如，教师在进行日语语音教学时主要集中于对日语语言知识本身以及日语语言发音技能的教授，通过固定的教学策略来实现技能的提升、知识的增加，进而达到情感上的满足。在此过程中，教师的日语基础知识和日语基本技能得到了相应的体现。

二、日语词汇教学

在日语学习过程中，词汇学习是最基本的学习环节。掌握日语基本词汇达到一定的要求后，大学生对日语文章的普遍理解能力得到显著的提升。大学日语教师应该对日语词汇的编排做到事无巨细，要从整体上把握词汇教学应该处于培养学生日语语言综合能力过程中的何种地位，然后在具体的落实环节中根据词汇本身固有的特点以及大学生学习的需要，来设计适合的词汇教学活动。教师在日语教学时应该结合不同阶段的日语课程标准要求，着重加强对日语词汇的使用。日语词汇的教学不偏离学生日常生活，并且紧紧关注社会热点，随时补充热点词汇，尽量走在时代的前沿。

日语教师在进行词汇教学时，首先会对日语课程标准中关于词汇的描述进行大致的学习与把握。在保障学生掌握了一定数量的基本词汇之后，教师应为学生不断拓展词汇数量，使其了解更多相关外延词汇。教师通常会以某一个词语为核心向外进行辐射，使得学生从学习一个词变成学习一组词。这样能够让学生在一堂课程中，整体上对日语词汇的结构加深理解。日语教材中提到了关于词性的使用，在日语中存在名词、动词、副词、二类形容词、一类形容词和结尾词等重要词汇。其中一类形容词和二类形容词作为课堂教学的重难点，需要教师予以重点把握，教师在教学活动中会根据自己已有的经验总结出适合学生理解的技巧与方法，辅之与教材中所进行的针对性指导，从各个方面加深学生对于该词性的理解，以便在日后的句型和课文的学习中能够顺畅进行。教师在进行词汇教学时，也同样将学科内容知识和作为教学策略子要素的信息反馈策略进行了恰当的联结，且两种结构要素之间的联结性较强。例如，在讲解动宾词组"买衣服"时，利用学生的反馈，补充了关于动宾词组的搭配结构特征介绍，深入讲解了中日语言动宾词组的异同比较。这是因为中文的动宾词组"买衣服"中动词在前、宾语在后，而日语中的动宾词组"买衣服"则是宾语在前、动词在后。这也可以说明教师在此次词汇教学中，恰当地使用了信息反馈策略。又如，教师对日汉常见的"同形类义词"的教学中，首先要明确"同形类义词"的概念。教师自己要明确"同形类义词"这一概念，不断了解和掌握日语的特点，对日语词汇应有一定的知识基础，能够分辨出哪些词属于同形类义词，并且了解其存在的差异。教师在教学的过程中要提醒学生留意同形类义词之间的差异，让学生在学习过程中可以体会到同形类义词是不完全对等的。同时在此基础上，教师还要能够根据已有知识预测学生可能会出现的错误，并在教学过程中反复强调，这样一来，同形类义词的习得会容易一些。

其次，要注重"词语对比"，要具有对比词语的意识。在课前准备的阶段，根据权威解释让学生明白词汇在哪一方面存在细微差异。同时还要注重语境的运用，将词语放在特定语境中，在讲解差异之后尽可能多地使用例句，使得学生能够在这一过程中学会如何正确使用。长此以往，学生能够感受到词汇的区别，也有利于培养学生日语思维能力，减少学习过程中母语的影响。

最后，要注重"词语重现"，教师要善于发现，注重词语重现。例如，词汇中的同形类义词是有规律的，正因为这种规律才可以把同形类义词归到某一类别中，教师可以引导学生根据同形类义词的特点进行归类，学生可以在归类的过程中加深对同形类义词的了解。除此之外还可以让学生回忆已经学过的同一类词，让学生可以在接受新知识的同时巩固旧知识。

在进行日语词汇知识的讲解时，可以使用图像、声音等有利于学生联想和记忆的手段，帮助学生去学习日语词汇知识，鼓励学生根据自身的学习特点学习日语。而且教师在日语教学的过程中，要求学生随时保持与他人进行合作的好习惯，为自己制定合理的学习计划，充分调动身边的优秀资源，为自身的日语学习营造一种融洽和谐的学习氛围。教师告诉学生尤其是在学习交际用语时，要不拘泥于交际用语本身语言的对错，应该重点关注自己是否可以正确识别交际用语的使用场合，并通过一些非言语行为特征来加强与他人之间的交流。

三、日语语法教学

日语语法的研究已经不断由语法结构本身向语法运用主体即日语学习者本身的认知功能方面进行转移，教师在进行教学时应该更加强调对日语学习者的主体性的重视。日语语法经历了从日语语言内部结构研究向与学习者有关的主观层面的语法转变研究，而关于时体、语态、语气等领域的研究虽然存在，但已经出现减缓的趋势。

日语的功能词在语法中有着重要的作用，这些功能词中最常使用的就是助词，日语语法的重难点就是日语助词的学习。正是因为这些助词的存在，两个相似的句式中因助词位置的不同而导致句子意思完全改变，导致学生在学习语法时出现迷思和困惑。语法教学应尽量结合实际的交际情境，语法教学让学生掌握正确的言语变化和助词使用规则，打好基本功，组织学生观察、发现和归纳语法规律，结合交际练习，使学生逐步掌握正确的语法使用规律。

所以在具体的日语语法教学实践中，为了让学生了解某些语法的具体使用语境，教师会将多种教学形式互相融合，保证日语语法的教学效果。例如，教师在教授"在哪里"和"哪里有"时，学生会因句式过度相似而产生混淆。教师这时就应在进行该语法教学时关注到这一问题点，帮助学生明晰每一个语法的特殊之处，提高学生辨析不同语法异同的能力。

第二节 日语听力与会话教学

一、日语听力教学

听力教学是培养日语技能型人才的一个核心环节。在日语听力教学中，要结合课内外听力素材充实教学内容，灵活运用教学方法实现听力教学形式多样化，设计听力知识与技能并重的活动以提升教学效果，采用多元评价方式优化听力教学。

（一）结合课内外听力素材以充实教学内容

大学日语听力教学内容的多样性包括听力材料的题材和体裁的多样性。大学生将来就职的企业可能会是日企、贸易公司等，一些成绩优异的学生也会去日本继续学习其他专业领域的知识。因此，定期学习其他领域与社会发展同步的内容是很有必要的。随着科学技术的飞速发展，多媒体技术的发展给教育教学带来了极大的便利。在教学过程中，我们应该充分利用多媒体，更新日语教学方式，丰富日语教学内容。利用互联网，学生可以在日语网站上找到丰富的听力材料。例如，在上课时播放学生喜欢的歌手的歌曲，不仅营造了日语学习的氛围，还能让学生对日语学习产生兴趣，投入日语学习中。在每节课的前五分钟，从 NK 等新闻网站上选择与日常生活相关的适合本节课内容的新闻，播放给学生听，这样既能帮助学生了解日本发生的事件，又能加深学生对日本社会和文化的了解，还能进行听力训练。另外，在教材选择和教学内容的安排上还应该注意突出日语专业特征，在实际的场景中进行日语听力技能训练，可以在每节课开始之前先以小组为单位进行场景资料的收集，上课过程中进行讨论、发表演讲等。教师在备课时还可以利用视频编辑软件，结合教学的需要对一些日语原声视频进行编辑，让学生做听力练习。在课上还可以进行实际场景的演练，先让学生自己准备经典优秀的日本电影、电视剧、动漫等作品中有关场景主题的听力材料，让学生在具体的环境中听取、学习一些经典的片段，可以让学生进行角色扮演，锻炼学生的听说能力。结合以上教学资源，不仅丰富了日语课堂教学内容，也调动了学生的学习日语的兴趣，让学生在快乐中积极参与课堂，学习日语知识。

（二）灵活运用教学方法以实现听力教学形式多样化

在日语教学中，关于听力教学的方法有很多，如语法翻译法、听说领先教学法、直接教学法、交际教学法和理解领先教学法等。在大学日语听力教学中，可以采用多种教学方法，以达到更好的效果。入门阶段以机械性练习为主，听力的内容主要是假名、单词和短句，所做的练习主要是听词、辨音和填空。在听力入门阶段，为活跃课堂气氛，可以增加一些活动，如制作假名卡片。当老师读到假名时，拿着相应卡片的学生必须举起卡片或站出来，也可以让学生边听边在假名卡堆里找到相应的假名卡，谁找到的假名卡最多谁就获胜。到了听句子的时候，让学生根据自己读的句子来摆放手中的卡片。换句话说，让他们反复听自己的发音、同学的发音、老师的发音、录音机的发音、各种视频的发音，然后再听音频的发音。这样可以帮助他们提高辨音能力，适应不同的语速和口音。在入门阶段，学生学习日语的兴趣比较浓厚，教师在教学过程中可以结合多种教学方法，如情境教学法、训练与实践式教学法以及问题探究式教学法等。大学中传统的教学方法是讲授法，教师可以在教学中以建构主义为指导，创设日语学习情境，让学生在自主探索与合作中进行意义建构。大学日语听力教学的中后期则注重交流性和实践型练习，可以实施"交际能力"与"实践能力"并行的模式。很多日语专业大学生毕业后会进入商贸、旅游等实用性很强的服务行业。因此，学生在校期间提高学生的日语交流能力，构建自主、合作、研究性学习的学习环境，使学生成为真正的学习主体就显得尤为重要。另外，大学生在三年级的时候有实习的机会，在实习之前，师生在课上进行真实情境界模拟练习，帮助学生做好实习的准备，做到学以致用。在这一阶段，教师充分利用多媒体和网络，为学生提供真实的工作和生活情境，让学生在与工作和生活相同的情境中轻松学会沟通技巧。

（三）设计听力知识与技能并重的活动以提升教学效果

在大学日语听力教学中，教师应根据学生的学习兴趣和学习需求选择课题，积极开展小组合作、场景实践、讨论等教学活动，满足学生的学习需求。在教学过程中，教师要充分了解学生学习能力差、学习积极性不高的特点，选择贴近学生实际情况、学习需求和兴趣的课题活动，将学生的日语专业和日语文化知识与课堂活动相结合。在教学过程中，教师要帮助学生学习丰富的日语专业知识和听力技巧，培养学生的学习兴趣，加强学生对课堂的主动参与，提高日语听力课的整体教学水平。教师要深入学生群体中去，了解他们的学习情况，尊重个体差异，积极开展教育活动，满足不同学习层次学生的需求。日语听力教学形式和教学内容上应具有一定的实用性和开放性。传统的教学采用统一的教学方法和教学标准，会导致学生学习积极性不高、参与意识不强、学习质量差等结果。因此，在开展日语听力教学时，教师必须面向班级所有学生，在全班学生参与的基础上，遵循学生的个体差异，将学生的个体差异作为确定活动方法和目标的依据和基础，以保证每个学生的进步和发展。另外，听者对听力材料或者内容的背景知识，与语言知识同样重要，在某些情况下，听者对内容的理解可能会超出语法结构本身。在语言知识不足的情况下，背景文化可以帮助学生理解所听内容。因此，在日语教学中引入文化是很有必要的。此外，无论课堂内外，学生都会对日本社会和文化表现出兴趣。在课堂上，教师应适时导入日本文化背景知识，引导学生利用课外时间体验和学习日本文化背景知识，拓宽文化视野，提高日语听力理解能力和跨文化交际能力。

（四）采用多元评价方式以优化听力教学

多元评价方式首先包括评价目标多元化和内容的多维性，在大学日语听力教学中，应该从学生的日语基础知识掌握、日语听力技能水平以及综合素质方面总体评价学生。在评价主体方面，应当采取自评、互评以及师评相结合方式，评价主体从教师拓展为教师和学生。教师通过学生的出勤、听课、课堂纪律、作业完成情况以及活动参与情况来评价学生。强调学生的自评和互评，尊重学生的主体地位，调动学生在听力课程中的学习积极性。在教学评价方面，以激励性、发展性评价为主。建立学生成长评价档案，包含学生自我评价档案、学生互相评价档案和教师评价档案。采用终结性评价以避免以单一的听力考试分数来划分等级，而应该注重学生在听力课堂中的活动表现、参与课堂表现等，特别是注重学生在教学活动中发现、分析和解决问题的能力，以及日语听说能力、创新和实践能力。抓住每个学生身上的闪光点，以学生的综合素质来评价学生，激励和维持学生在日语听力教学过程中的积极性和主动性，让学生的综合能力在激励性评价中持续提高。教学评价应当贯穿于整个日语教学过程中，在对每堂课进行终结性评价的基础上，对每个单元、期中考试、期末考试以及毕业考试等进行终结性评价。在教学过程中也要适当地采用过程性评价，并且以激励性评价为主，调动大学生的学习积极性，促进学生的全面发展。

二、日语会话教学

会话表达能力的提高是提升大学生日语综合运用能力的重中之重，教育工作者为此开展了一系列的教学改革探索，以提高学生的会话表达能力和语言应用水平。例如，言语类话语标记中的话题转换是会话过程中交际者从原话题转到新话题的一种过渡过程，在会话过程中，发话人一旦提出了话题，听话人在正常情况下都会继续探讨这一话题，从而实现话题接续。话题接续是话语发展的常规形式，但是，有的情况往往是听话人并不接续这一话题，而是改变话题。这时出于会话合作原则或交际策略，常常需要使用"话又说回来""说到"等来预示话题转换。会话中的举例式标记语的功能就是举例说明，它将一个较为概括的描述和具体的事例连接起来，用后者来说明前者。连接是实现语篇衔接的重要手段。总结性话语标记"总的来说"具有语篇衔接功能，可加强前后话语的连续关系，使语篇更加连贯。注释型话语标记的主要功能就是对前、后两项明示解释、说明或加以例证。交际主体标记语主要是为了体现说话人对接下来的话语表达采取的言说方式。交际会话中，有时说话人会主动向听话人表明自己接下来的话语是发自肺腑的、真实的，会用话语标记"说实话"来体现。可以说"说实话"的主要语用功能为向听话人"示诚"。在具体的语境中，"说实话"这种"示诚"的语用功能是说话人向听话人表示自己是在"坦诚"表达某种主观认识或态度。

（一）重点关注会话的语用功能

关于话语标记的语用功能，将篇章功能和人际功能紧密联结起来的是话语标记的元语用功能，即在元语用意识的指导下对语言进行合语境、合交际目的的功能选择。大学日语会话教学的目标是培养大学生日语跨文化交际能力，对会话的掌握和运用是日语跨文化交际能力的重要体现。会话在语篇的衔接连贯中有非常重要的作用，使用得当，对整个篇章关系的建构上，尤其是日语作文能力提高上大有益处。使用不当，不但不连贯，甚至引起理解困难。会话的语用功能不但关系到日语学生的日语书面语作文能力，也是阻碍学习日语的学生口语能力发展的主要原因，为此我们需要给予足够的重视，应该在日语会话教学中重视会话的语用功能。

（二）以学生为主体，积极创设语境

会话对语境具有很强的依赖性。如"说实话"只有在具体的语境中才表示说话人在"坦诚"地表达自己的某种主观认识或态度，或者是在"坦诚"地陈述某种客观事实。其目的主要是希望通过自己的"坦诚"换取听话人的"坦诚"，最终实现交际双方的"坦诚互动"，使交际朝着良性互动的方向发展。日语会话离不开具体语境，因此，在大学生日语会话教学中，以学生为主体积极创设语境、帮助学生构建言说类话语标记是非常有必要的。日语教学课堂本身就是一个情景语境，我们可以根据需要抓住具体情境，让学生在具体的场景中把握会话的用法，同时这也可以培养学生的日语语感。这样即兴在教学中随机创造和利用交际场景，以学生为中心设置语境，自然引出这些句子，既培养了学生的语感，又调节了课堂气氛，还能突出会话的功能，帮助学生轻松、准确地活用言说类话语标记。另外，构建情景语境模式，积极以学生为中心创设具体语境，教师和学生在日常对话中不回避使用言说类话语标记。当然，创设具体语境，引入情景语境模式的教学法在设计课堂操练时，还要注意学生原有的源语水平、对话题的熟悉程度以及学生个性特点，由浅入深，循序渐进，最终使会话慢慢植入学生的交际意识中，使学生在进行跨文化交际时能正确、自然地输出话语。

（三）在语言输出中活用会话中的言语类话语标记

学习日语没有捷径，我们可以通过有意识地多使用言说类话语标记，将学习言说类话语标记转变为一项不介意每天都做的有趣活动。如果想说出更地道的日语，那就要关注言说类话语标记在语篇中的衔接连贯方式，特别是在作文中。

（四）积极创造日语运用环境，不断使用话语标记

目的语环境对第二语言学习有非常重要的影响，因此日语会话的习得，仅仅依靠单纯的课堂讲授还是不够的。大学日语会话教学中，可以积极创造日语学习环境，除了日语课本中的音频，还可以观看 YouTube、浏览日文网站，或者看日文电影、电视剧及感兴趣的日文书、纪录片等，通过这些来提高学生对会话的掌握和运用能力。另外，还要积极地输出，抓住一切时机和日文老师、日本人练习使用会话。如果你是个内向的人，不愿意马上就和日语母语者交谈，你总可以和自己练习对话。你可以在自己的房间里对自己说话，描述你的周末计划，一天过得怎么样，甚至是从你的手机里随便选一张照片，然后把它描述给你想象中的朋友。

教师在进行日语会话教学时，要注重学科知识内容中对教学内容的处理这一子要素。在具体的教学实践中，特别强调对教学内容的把握。比如在学习会话"感谢"和"道歉"时，老师会给出两组情境，分别是"同学之间表示感谢"和"同学与老师之间表示感谢"。道歉也给出两组，分别是"在公共场所进行道歉"和"在家中进行道歉"。对于该会话内容的练习，教师要引导学生去仔细观察这两组成员，观察他们是如何表示感谢和道歉的。学生回答了一些关于交际语法使用的情况时，教师对学生说道："大家可以仔细观察一下，他们在进行道歉和感谢时，有做出什么举动吗？"最终教师将会话内容的重点深入日语学科中非语言行为特征的学习，因为在实际的生活中，日本人的一些非语言表达行为的作用在很大程度上要远远大于语言本身。所以教师在处理该会话内容时没有过度关注教学内容本身，而是关注会话教学内容背后所蕴含的日语教育思想。

第三节　日语阅读与写作教学

一、日语阅读教学

阅读是阅读者开展有目的和有计划获取信息的行为，整个阅读过程中阅读者

利用一定的阅读技巧和方法对文本内容进行信息的获取，并融入自身理解，最终达成预期目标。大学日语阅读教学的目标是培养大学生的基本日语阅读能力，即学生能够用自己所学的知识和掌握的阅读技巧正确领会日语文章所表达的深层含义，并形成自身的独立思考能力和判断能力。在日语阅读教学中，教师开展日语阅读教学主要着眼于日语这一语言本身，其主要任务是向学生传授日语语音、词汇、语法等基础的语言知识，日语阅读教学主要以精讲形式进行，最终教学目标是培养学生形成准确理解文章的能力，并能够不断拓展知识面、提高阅读速度以及形成较强的阅读理解能力。

大学日语阅读是日语学科基础课之一，主要目的在于提高学生的阅读理解能力，培养日语阅读技巧和策略，丰富学生的文化素养，从而综合性提高学生的日语水平。因此，日语阅读教学不仅应该注重句子分析，还要注重语篇分析能力培养，帮助学生提高理解语篇的能力，从而达到理解作者的意图并对语篇内容做出具有批判性评价的目标。

（一）教师方面

1. 培养学生的异文化意识

学生在日语阅读中受背景文化因素影响较为显著，但实际的日语课堂却恰恰缺少背景文化的教学。教师应该在教学中适当加入文化导入，使学生在阅读文章时可以用到原有知识储备并加深学生对所阅读文章的理解，进而增强学生的文化底蕴和提升其在两国文化之间的交流沟通能力。在日语阅读教学中，教师更应该注重学生对日本文化的了解和学习，尤其是日本企业文化。学校培养的日语专业的学生在走出校园进入社会工作岗位后都要成为独当一面的人才，他们是日本与中国沟通交流的关键一环。所以学校应该根据学生情况开设日语文化课程，在学校系统地培养学生接触日本人、日本企业的良好沟通能力。在课上教师注重文化导入的环节，通过教学培养学生跨文化交际能力。学生在课下除了书本学习以外，可以通过观看日本影视剧这类较为轻松的方式学习。

2. 激发学生的阅读兴趣

从阅读与非语言因素的相关性方面，大学生在日语阅读时阅读兴趣的影响也较为明显，但教师在教学时使用的教学手段依然较为单调。因此，教师在教学中要不断激发学生的学习兴趣，让学生对学习产生积极性和热情，是至关重要的。利用先进的信息化教学手段结合PPT、音影视频吸引学生注意力，为学生打造良好学习日语的环境，在日语语音的包围下，令学生产生想要获得知识的兴趣。坚持课堂上用日语直接与学生沟通，用标准的语音最大限度地从听、说等方面来调动学生的语言能力，感染学生，培养学生掌握正确的语调和发音。利用生活中简单明了的例子造句，让学生在轻快的氛围中自然而然地掌握相关日语知识。同时在课堂上要多创造学生之间的自主交流机会，让同龄人用他们的独特方式去表达，去沟通。这样可以培养学生自主思考的能力，通过主动思考来应用老师传授的知识，用自己的方法表达出来。这也可以让学生在互相交流中反复思考如何更清楚、简洁明了地向对方表达自己所想要表达的意思，让学生能够真正获得日语交流以及阅读的快乐，使学生想要主动去阅读，爱上阅读，热爱日语学习，想读、爱读，从而使课堂的知识输出达到事半功倍的效果。

3. 优化教学方法

阅读教学中教师是重要的环节，大学教师改变"一言堂"式的传统课堂教学模式，逐步向开放式、互动式的教学方式发展。教师应该利用"合作学习"方式充分调动大学生的学习积极性，使学生从被动学习的状态变为主动学习的状态。教师应组织学生以小组的方式合作达到一定的目标、解决一定的问题，通过合作学习的模式小组内的成员相互帮助，达成共同进步的目的，缩小学生之间成绩的差距。组织学生在小组内对所阅读文章的讨论与分析，在文章的选择上尽量以日语文章为主，教师可以在学生进行小组讨论时尽快准确把握学生是否对文章的大意有所理解，并在理解出现偏颇的时候给予纠正，提高教学效率。

4. 增加实践经验

教学方法的落后、知识大量输出导致大学生真正掌握实际技能却很低，也无法跟上如今时代发展的对于语言类人才的要求。因此，日语教师通过到企业实践达到在业务能力上的发展与提升。带着任务去实践，深入企业、行业的一线，了解市场发展趋势，认清日语人才所必须具备的技能和素质，并通过努力完成实践任务。在实践过程中需要不断思考：如何把实践经验运用到日语课堂教学和实践教学当中，培养出市场认可的日语人才；并且贯彻终身学习的理念，以培养新时代日语专业语言人才为己任。教师可以通过书籍资料来拓宽自己的知识面，更重要的是多与日本人沟通、交流，进行实地考察，从人文文化、历史、教育、生活的方方面面了解不一样的日本，获得更多新鲜的知识，不断提升自己的能力。

（二）学生方面

1. 加强语法学习

学生的日语阅读受语篇知识因素影响较为显著。所以建议学生首先要改变源语的思维定式，改变在日语语法学习时的认知中极强的"汉语"色彩。这就需要在课堂上跟随老师学好语法，课后要理解及时复习。只有多积累才能总结出经验。在牢记语法知识之后学生要加强对长句子的分析练习，加强查找关键词和主旨句的练习。通过大量相关题型的训练找到方法，文章是由若干个长短句组成。在有一定基础后，学生理解短句子的能力有所提高，但是对长句子的分析则较为困难，所以建议学生首先要理解日式的表达方式。日本人表达方式较为委婉，这就需要学生在日常学习中注意表示否定但不是以否定形式出现的词组、句式。其次还要注意出现上述否定词时也可能并不是否定句，学生们如果在阅读文章时不注意就容易理解错误整句甚至整段文章。遇到长句时要找到句子的主干和核心，再找到修饰的部分，这样就能帮助学生理解长句子。

2. 培养良好的阅读习惯

增加课外阅读，养成良好的阅读习惯，不仅可以增加学生的词汇量、语感，还可以拓宽学生的眼界了解日本文化。学生可以以自己感兴趣的题材为开端进行阅读习惯的培养。制订一个短期的阅读习惯培养计划，根据自身能力水平保证每天至少阅读一篇不少于200个日语词语的文章。之后可以根据计划进行的程度不断地增加阅读篇数，从而自然形成良好的阅读习惯。学生在自行阅读时可以根据文章长短、难易程度给自己规定一段时间来完成阅读，提高阅读时专注度，提高阅读的效率。

3. 总结阅读方法与策略

对于日语专业的学生来说，要能在阅读中准确找到有效信息，正确运用阅读策略，提高阅读效率。所以学生要对平时的阅读训练中的错题进行积累，但是考虑到阅读题并不像单选题有明确的答案便于积累，解答阅读题的思路是比较抽象的，所以建议学生先记录老师解释阅读题时的策略或解题方法，在课后能够针对这些思路和方法进行领会理解，做到灵活运用老师教授的方式方法。

4. 培养阅读动机

动机和兴趣因素是影响学生阅读的因素；阅读动机因素会影响学生阅读效率。阅读的过程中，内部动机对学生阅读的推动力大于外部动机，而且在学习效果方面，内部动机优于外部动机，外部动机会抑制学生内部动机的发展，削弱阅读的兴趣、影响阅读效果。学生要改变由老师督促、家长监督的被动式阅读，找到自己学习的目标，将阅读的主动权把握在自己的手上，学习立场的转变会让学生的阅读兴趣更加持久。

二、日语写作教学

日语写作是一门实践课，是词汇、语法、日语表达等日语综合语言能力的集中体现，日语教师要激发学生的写作兴趣，提高学生的日语写作能力，探索日语写作教学新思路、新方法，提高日语写作的教学效果，使日语教学取得更大的成效。

日语写作教学分为准备、写作、修改完善三个环节，这不仅突出了写作过程的整体性、系统性，保证了课堂教学的顺利实施，而且较好地实现了学生"思考、分析、完成、推敲"等能力培养环节的有机结合。日语写作教学的准备阶段，主要包括例文分析、专题训练、课外自主学习三个环节。例文一般列举范文和问题较多的文章，要求学生从内容、表达方式等方面对例文进行比较分析，找出文章的优缺点。此环节既可以调动学生的学习兴趣和参与意识，又可以提高学生准确运用日语基础知识的能力和归纳分析的能力。在日语写作的专题训练上，重点是在作文时如何用日语表达、如何遣词造句，进行系统分析和针对性训练。课外自主学习，是让学生借助图书、网络等手段收集日语文章的书写格式、书写规范等基本知识，有意识地对学过的单词、句型及其他相关知识进行归纳、整理，这样既可以提高学生对学过的知识的整理和综合应用能力，又可以为写作环节热身。日语写作教学的写作阶段，可以采用"思维导图"帮助学生整理写作内容和写作思路。可以让学生在写作前先思考写作的内容，构思出文章的结构。可以通过"思维导图"帮助学生构建文章各部分之间的关系网。"思维导图"是一种关系网状的形象思维方式，它可以帮助学生展开想象，运用联想关联作文中的各部分内容，构建完整、有逻辑的框架，让学生在写作之前就"画出"文章，把学生的语言表达变得更加形象、立体。这个过程不再是枯燥的文字、简单的提纲，而是色彩丰富、形象生动的图像。日语写作教学的修改、完善阶段，主要包括学生自己推敲修改和小组讨论修改。在写作的修改、完善阶段，学生之间互相点评，找出词汇和语法方面的错误。这样做的目的是让老师有更多的精力去引导学生自主学习，让学生在互评中重温日语基础知识，在别人的作文中发现优缺点并取长补短，提高自身的日语写作水平，交流之后再次修改自己的文章。在这一阶段，教师的作用不是批改，而是对学生互评中发现的问题提出自己的意见，特别是针对语法、篇章结构、文字表达等问题。学生根据教师的审读意见和小组讨论的结果对作文进行修改。这样做既可以锻炼学生发现问题、解决问题的能力，又可以让教师的评价重心偏移到文章的内容、结构等方面。

（一）加大对学生的语言输入输出力度

大量阅读是语言输入的重要途径，没有足够的输入就不可能有大量的输出，决定日语习得效果的关键是接触大量可理解的、有趣而又有关联的日语。在教师指导下，学生在阅读过程中揣摩词汇的使用范围、语义和语法，培养其语感，运用到日语写作实践中，学会连贯统一地组织结构，准确地传递信息。学生自主进行阅读的学习者其写作熟练度会占有一定的优势。对于日语写作，精读积累实际上可以起到很大的作用。虽然书面语和口语说的是相同的语言，但书面语自身却存在着独特的规则。例如，诗歌有独特的韵律要求、评论文有独有的评论格式。这些行文规则都是作者为了将其意思准确地传达给读者而忠实地使用，如日语中的同形异义的字、固定的语法句型和文章结构等。如果学生经常阅读并在阅读过程中接触这些东西，接触这些规则，那么学生很有可能在有意识或无意识中理解并获得它们。换言之，学生就是通过广泛地阅读来自然地学习书面语的规则，并将其转变为自己的东西。

背诵是语言输入的另一种方式。通过例文的背诵，学生掌握更多的日语词汇和语言规则，加强日语思维的培养。与之相随的是充分利用母语知识，通过对比教学法以及大量的、严格的训练与练习。对日语写作中出现的雷同或相反的语言思维表达，应及时准确地给学生以说明，说明母语与日语间的不同点及所遵循的词汇搭配原则。同时，还需利用母语正迁移的优势，引导学生以积极的心态面对日语习得中遇到的暂时性障碍。

教师可鼓励学生通过写日语日记或感想等方式，逐渐进行日语语言输出。把注意力集中在语言输出上，学习者能发现与日语之间的差异，发现自己的不足之处，促进日语习得。

（二）重视感情因素——提高学习兴趣

在大学日语写作教学中，教师要转变观念，强化情感因素对日语学习影响的意识，重视学生情感的释放和情绪的表达。在教学中，教师要注意观察学生的言行举止，一旦发现焦虑心理，就要引导学生采取措施克服焦虑，设法将学生在课堂上的焦虑水平降到最低。要创造一个"心理自由"的轻松和谐的日语课堂氛围，提高学生学习动机。鼓励学生从简单的话题开始，有计划、有步骤地不断练习，培养学生对于日本文化的兴趣，并最终逐步培养学生日语写作的兴趣。

（三）利用多媒体教学——营造日语环境

在学生完成基础日语学习后，教师应指导学生充分利用电脑等多媒体设备学习日本文化，积极参与有关日本文化的活动，体验日本文化。教师可以组织学生观看日语电视剧、动画片，学唱日语歌曲，收听日语广播，阅读日文报纸或文学作品等，这是学生学习日语、了解日本文化的重要途径。因为任何一部电视剧都会涉及日本社会的各个方面，是日本社会的缩影。学生在观看日本电视剧时不仅可以学到日本语言的正确表达方法，还可以了解日本人的生活习惯，更可以理解日本人的思维习惯。因此，无论是观看日本的电视剧还是学唱日文歌曲，对于学生理解日本文化、提升日语写作水平都会有很大的帮助。

（四）改进教学方法——养成日语思维习惯

日语学习者避免母语文化的负迁移，逐渐养成日语思维的习惯，学习日语写作必须进行实际的、反复的练习才能提高自己的技能。日语写作教师还要不断地改进教学方法，在要求日语学习者写作前要给他们同类文章的日文范例，在与日语学习者讨论范例的过程中，使他们理解日语文章的写作思路、写作技巧以及常用的句型，指导日语学习者进行中日两种文化的比较，深层次地了解日本文化以及日本文化对日本人的生活、性格、观念、生命意识、语言表述方式的深刻影响，从心理上承认并接受中日文化的不同，从更广泛的层面上坦然接受异域文化的特点，真正理解两种文化的不同本质，逐渐克服母语文化的负迁移影响。

第四节 日语翻译与跨文化教学

一、日语翻译教学

语言符号所承载的信息是由三个层次构成：形式、内容、功能。一个完美的译文应当在这三个层次都是实现等值转换，从语用学角度来看，语言层面的语用等值翻译表现在词汇、语法、篇章等多个方面。通过推理原文本话语的实际意义、真实意图，教师要教授学生灵活运用多种翻译方法，将话语真实、自然地表现出来，最终实现语言层面的语用等值翻译。

（一）词汇翻译教学

不同国家拥有不同的文化，翻译就是文化交流的过程。运用富有文化内涵词语的翻译技巧，引导读者最大限度地感受原文，将原文中的异国文化原汁原味地呈现在读者面前。这样一来不仅可以开阔读者的眼界，也可以拓展他们的知识面。在信息和文化传达的过程中，词义、语句等无不受上下文语境的限制，有的词语表面所指含义与其深层次语用意义不一致，同样的词汇放到不同的语境下，含义各不相同，即需得根据语境研究话语的实际意义，解释话语的言下之意、弦外之音。而上下文语境有狭义上下文和广义上下文之分，前者指的是特定语言成分的前言后语；后者指全段、全文乃至全书与某一语言成分的语义关系。在翻译实践中，存在诸多表面意义与语用意义不一致、语义不明确的现象等，要求译者把握具体语境，对词义进行明晰，故可以从狭义上下文语境和广义上下文语境下进行翻译。其中，狭义上下文的词义明晰，需要联系句内语义、前言后语进行综合判断；广义上下文语境涉及的对象可以是文段、篇章甚至全书，跨度较大，所以需要在翻译过程中仔细研究逻辑关系，找出某种具有语义联系的词句来解决问题。

关于中日同形词的翻译，译者对原文中所出现的中日同形词进行了总结，发现它们具有以下特征：词语都具有抽象性含义；中日文词典中对该词语有相同释义。在遇到这种类型的中日同形词时，使用直译法所得到的译文通常表意不明，或者不符合中文的表达习惯。因此需要在目的论的指导下，考虑译文的受众群体等因素，对这类词语进行意译，进而得到更加完善的译文，最终实现译文的交际目的。

（二）语法翻译教学

主语是句子的重要组成部分，从位置上讲一般位于句首以统领全句，限定动作主体，指示动作方向，传达重要信息。主语的存在及其表现形式对意思的传达有着重要意义。日汉两种语言中的主语表现各有特色，尤其是主语省略这一部分。主语作为句子成分之一，是动作、状态的主体，是构成句子必不可少的要素之一。但无论是中文还是日文，主语被省略的情况都屡见不鲜。特别是由日本四面环海的自然地理位置、强调自我意识的社会文化等原因导致日语在主语省略这一问题上尤为明显。日语主语省略作为日语中的一种常见现象，一直以来受到不少语言学家的关注，并催生了相当数量的研究成果。省略表现指不表现出来也能让人明白的部分，不表现出来就可以了，主语省略表现为如下几个方面：重复主题的省略，即前文和后文主题相同时，后文主语可以省略；主语作为先行词的主题省略；新主题省略；异主题省略等。

①承前主语省略的翻译。日语的承前省略是指，当前一个句子或同一个句子的前面部分已经提到某一事物，后面又提到该事物时往往被省略。对承前主语省略的句子翻译时，当一个句子中出现了与前面所叙述的不同的话题，即使后面的主语和前面的一致，也要将主语补充出来；当句子中有两个主语，并且两个主语交替出现的时候，为了表述清晰，让读者明确需要补出主语；句子中只有一个主语，动作较多，且动作之间有时间间隔，这时候通常情况下需要再补充一下主语，这样比较符合汉语表述习惯。当句子中的前后主语一致，句子较短且两个动作几乎没有时间间隔，翻译时主语可以省略；当一个句子前后主语不一致，但是第二句主语在第一句做宾语、定语等成分被翻译成中文时，后面一句的主语可以省略。②蒙后主语省略的翻译。两个并列句或同一个主语而有两个并列谓语的句子，当前后谓语及相关成分完全相同时，往往把前一个谓语及相关成分省略，这种省略被称为"蒙后省略"。对于蒙后主语省略的翻译，如果句子简单，两个句子动作具有同时性，这时采取直译，省略主语即可。但如果根据文章，需要突出原文人物情绪、说话的语气或者句子中间有了新的话题时，则在翻译时需要补出主语。③敬语表达中主语省略的翻译。日本的敬语受日本文化影响深远，是日本人际关系、传统思想和历史发展的重要体现。敬语是说话人对听话人或者话题中的人物表达敬意的语言表达形式，可以说在任何语言中都或多或少存在着敬语。但纵观世界语言文化，日语中的敬语是比较发达的，日语中敬语主要分为尊敬语、自谦语、郑重语三种。日语敬语中表示谦逊、尊敬等的词语非常丰富，谁对谁说了话、谁对谁采取行动不必一一点名，一看敬语就明白。日汉语言都有其独特的表敬方式，汉语敬语的系统表敬方式以词汇为主，以礼貌用语为辅，他们一般出现在主语的位置，所以日译汉时适当补充主语很重要。主语是说话者本人，通过自谦表达方式来表示对别人的尊重，对话双方是平级而且是认识的，所以不需要译出主语。当描写人物情感波动（喜悦、悲伤等）时，或者前后两句主语不一致时需要补充主语。但需注意的是，补充主语时要考虑对话人双方的关系，如果是平级，汉语中没有必要用类似"您"这样的敬称；而当谈话内容只涉及一、二人称，讨论内容简单，对话人之间不存在上下级、长晚辈等关系时，翻译成汉语则不需要译出主语。

由于各民族的地理位置、文化等都不同，日语与汉语无论是在语法上，还是在表达形式、习惯上都有所差异。日语属于黏着语，重形合，常常用一个或多个修饰语来修饰句中某个成分，多重复句多呈现嵌套结构，或曰树状结构；而汉语属于孤立语，没有更多的语法约束，重意合，意合的特点使得汉语的句子成分之间不能有复杂的修饰成分，较长的说明或限制性成分需放在主干句之后，形成多个小句依次排列的线性结构或节状结构。对此，翻译时要确保其交际价值相同，而非结构的同一，这既要包括译文对原文信息的真实再现，也要包括译文与原文一样文理通顺。例如，日语中的长句如何在忠实原文的基础上拆分、重组句式，使之符合汉语读者的习惯是翻译中的一大难点。在翻译中长句类型有限，其中有较长修饰句节的长句、包含多层次的长句（一个比较完整的句节中有三个以上有修饰和被修饰关系的句子）类型所占比重较大，剩余类型的长句较少。在翻译中要明确长句主干，分析修饰部分与被修饰部分，灵活运用拆译、分译、倒译等翻译方法做适当的调整，自然、真实地再现原文的信息，以达到语用等值。

对于日语语法中的复句翻译教学，要注意以下几方面的问题。①含有补充分句的复句的翻译。起到补充谓语这一作用的分句被称为补充分句，补充分句通常是由"相当于名词的部分＋格助词"构成，而赋予补充分句以名词性质的是形式名词。在翻译含有补充分句的复句时，如果将补充分句和谓语部分进行直译的话易出现误译、译文不符合汉语的表述习惯等问题。因此需要在目的论原则的指导下进行翻译，可以参考如下两种翻译方法：第一种是调整语序、将谓语提前，翻译为对分句进行整体修饰的句子；第二种是指代法，将形式名词前的部分翻译为一个整体，后边用指代词来进行指代。这两种方法都很好地避免了直译时出现的问题，能够更好地达到译文的交际目的。②含有副词分句的复句的翻译。副词分句表示的意义有：时间、原因、条件、让步、逆接等。日语复句的连接方式，大多可以在汉语中找到对应的形式。在含有副词分句的复句中通常都会用接续助词来进行连接，因此在翻译副词分句时，需要将复句中的接续助词翻译为与其含义相对应的汉语关系词。在翻译含有副词分句的复句时，需要将复句进行拆分，分析每个副词分句之间的逻辑关系。由于副词分句之间都用接续助词来连接，逻辑关系紧密，因此可以在不违背目的论原则的前提下使用直译的方法进行翻译。在这里需要注意，由于汉语复句和日语复句中的连接方式有所不同，为了使译文能够符合汉语的表达习惯，被汉语读者接受，以达到译文的交际目的，在翻译副词分句时也需要根据实际情况对汉语中的关联词进行省略。③含有连体分句的复句的翻译。连体分句即连接体言的分句，在翻译含有连体分句的复句时，如果将补充分句和谓语部分进行直译的话，部分译文会不符合中文的表述习惯。连体分句的作用是修饰体言，在翻译连体分句时，需要把握好连体分句的特征。在翻译连体分句时，直译得到的译文往往不符合汉语的表达习惯，因此需要在目的论的指导下，翻译时调整语序，将被修饰语和谓语提到分句前进行翻译。在翻译长度较短的连体分句时，可以使用直译的方法进行翻译，由此得到的译文既完整地传达了原文本的信息，也符合语内连贯，符合目的论的目的性原则和连贯性原则，能够实现译文的交际目的。④含有并列分句的复句的翻译。以对等并列的关系和主分句相结合的句子叫并列分句。在翻译含有并列分句的复句时，需要先将复句拆分为若干个分句进行分析，然后再进行翻译。如果该句中描述的是同一个主题，通常可以进行直译；如果该句描述的是多个主题，则需要将句子进行拆分翻译。另外，在实际翻译过程中会遇到具有抽象含义的句子。在这种情况下，根据目的论原则，为了达到译文的预期目的，需要将原文的抽象性描述转化为具体描述。

（三）语篇翻译教学

翻译活动是源语语篇的理解与目标语语篇的生成两个独立的过程。日语翻译中的语篇分类是对语篇特征的条目式总结，语篇分析则是词句层面的语言分析和技巧分析，日语翻译应树立合理的语篇观和语篇翻译观，真正做到"语篇本位"。语篇最终呈现的语言特征，是在语篇形成过程中受到各种因素的影响，为实现特定的交际功能而表现出来的。

语境是语篇生成过程中最重要的影响因素，实际的语篇必然受到该语言的语法系统制约，但同时也由各种语境因素所决定。不同层次的语境对语篇的影响自上而下依次表现为语篇的体裁、语域以及微观的语言表达层面。所以，在翻译教学中把语言变体视为上位概念，将语篇的翻译看作根据语境要求选择语言变体的过程。首先根据文化语境中的翻译目的与译文功能确定语篇的体裁。广义的体裁不仅包括作为文章样式的说明文、议论文、记叙文、描写文这一层面，也包括新闻、小品、杂文、公文等体现语篇社会功能的层面。体裁需要通过语域层面来体现，语域是瞬时性的语言变体，根据语境要求进行语言配置，选择恰当的语体：从使用语言的目的和篇章承载的社会功能来分，有新闻语体、科技语体、法律语体等；从交际方式或话语媒介来分，有口语语体和书面语体；从交际的双方的关系来分，有正式语体和非正式语体。将体裁、语域、语体几个语篇概念统一到动态的语篇生成过程，且与不同的语境层次相匹配，符合语篇潜势与译者选择的翻译活动的特点。

日语是典型的"场依存"语言，日语教学非常重视根据交际场合、交际方式、交际人的身份关系，恰当地使用日语的能力。体现日语这一特性的是由口语语体与书面语体构成的双体系，且涉及敬语系统、女性用语、授受关系等范畴。不过，在日语翻译中，它们属于语法范畴或日语表现法方面的内容，限定在语言系统层面，并没有与情景语境建立起真正的互动关系。理解了语篇与语境的外部关系，还要理解语篇内部关系，即语篇与句子之间的关系。当代语言学家普遍认为，语篇与句子不在于语言结构容量大小的差异，而是一种体现与被体现的关系。二者在本质上属于语言的不同界面，前者是活跃在言语交际层面的意义单位，后者则是语言系统中的语法单位。不同语言文化中的各类语篇具有其独特的组织发展规律。因此，恰当的词语搭配、正确的语法结构并不能保证形成具有连贯性、可读性的语篇。交际功能才是语篇的本质特征，词汇与语法结构所具有的"语言潜势"只有在交际活动即语篇中才能实现。

在语篇翻译教学中，要注重语篇连贯。①语义连贯的重构。词汇衔接背后的原则就是通过词汇意义的连续而获得衔接的效果。所谓语义连贯，是指词语或小句在语义上相互关联，这种语义关联使得词语或小句有序地连贯成了一个有机的语义整体。也就是说，语义关系的研究单位不仅仅是词语，还可以是小句。在翻译实践过程中，一些字面意义较为笼统、含义较为抽象的词语或小句，可以从词语或句子之间的语义联系入手，通过解码源语文本中语言成分之间的语义关联，由已知的词汇含义推导出未知的，从而较为准确地得出抽象笼统的词汇含义。其一，反义关系。一个词在语篇中的词义往往是建立在这个词和其他词之间的关系之上的，只有重构该词与相关词语之间的连贯关系，才可以成功地解读和体现该词的词义。确定词语或小句的含义，一般需要从上下文语境着手。而"上下文语境"，具体来说，可以从语言成分之间的反义关系着手。即通过语言成分在语义上联结成的"反义关系网"，翻译时学生能够较为准确地推断语义较为抽象的语言成分的含义，进行转化处理，进而保证译文的顺畅，确保信息的传递，从而使目的语还原其所指，更易被读者理解。其二，同义关系。与"反义关系"同理，"同义关系"是指从语言成分之间的意义相近着手，推导出语义较为抽象的语言成分的含义。总之，源语文本本身的连贯性是解码原文的突破点之一。换言之，源语文本使用同义词或反义词来达到语篇衔接与连贯效果，译者可以针对源语文本的这一特点，通过语义的相近或相反关联来推断其他语言成分的含义。这样一来，既能够译出含义较为抽象、笼统的词语含义，也能够实现上下文连贯，易于读者理解。在语义连贯的重构翻译中，能否处理好这些词汇直接关系到译语信息的准确传递。在遇到抽象笼统的词汇时，可以寻找该词汇与其他语言成分之间是否存在语义联系来把握词汇的准确含义。具体来说，当该词汇与其他语言成分之间存在着相近或相反关联时，译者可以由容易解码的词汇含义入手，通过已知推断未知的方式，解码出抽象笼统词汇的含义。当各个词语含义明晰时，也就有利于译者重构译文的语义连贯。

②语法连贯的重构。由于日语和汉语的语法结构不同，二者的语法衔接手段也不相同，直接照原文形式逐句翻译，会导致信息缺失、前后文不连贯。在源语文本中，语篇通过指称、替代、省略等语法衔接手段实现连贯性。这几种衔接机制在日汉两种语言中都存在，但由于两种语言表达习惯不同，同类的衔接方式会有使用频率的不同，而使用频率不同就必然会导致某些衔接方式在翻译中会有一定程度的变形。也就是说，为了保证上下文连贯，信息完整，除了对语言符号进行转换外，还要对衔接手段进行转换，实现译文的语法连贯。衔接手段主要有指称、连接、省略、替代。其一，隐性衔接型语段。语篇中的连接概念专指相邻句子（群）之间的连接关系。通过使用连接词，人们可以了解上下句子之间的语义联系，甚至可经前句从逻辑上预见后续句的语义。连接关系具有显明性和隐含性的特点。在翻译的过程中，源语文本的语篇当中既存在显性连接，也存在隐性连接。源语文本属于信息型文本，译文需要逻辑清楚、表达顺畅、信息连贯，因此在翻译过程中，译者要深度分析语篇内在的逻辑层次，必要时对"隐含性"连接关系进行显化处理，达到语篇连贯的目的。因此，"隐性衔接型语段"，即源语文本中有些句子之间虽然无明显的衔接词，但前后文存在较强的逻辑关系，需增译衔接词以达到逻辑连贯的目的。其二，结构省略型语段。源语文本采用省略的衔接手段，使语篇显得更加紧凑，言简意赅。省略都是有预设的，这个前提条件与后面的句子构成衔接关系。常见的省略有主语、谓语、宾语、补语的省略和句中成分升格为主题后的省略等。省略的运用不影响源语文本的连贯，但直译到译文中，很可能使译文读者不知所云，同时也会影响前后文的衔接与连贯，译者要根据上下文语境增补某些信息。因此，"结构省略型语段"，即原文中省略了某些成分，译成汉语时若不增补这些成分，会导致信息缺失、前后文不连贯。总之，围绕译文语法连贯重构翻译中，源语文本不仅包括以使用连接词为标志的显性逻辑关系，很多时候是通过语义、语法等实现逻辑衔接。而这些就是"隐含性"的连接关系，在翻译的时候要根据文本特点对其进行处理，必要时增译逻辑连接词，以实现译文逻辑连贯。省略是为了避免重复，使表达简练、紧凑、清晰的一种修辞方式。而源语文本中起积极作用的省略手段直译为目标语时会使译文不符合汉语表达习惯，需要译者正确处理。通过增译被省略的成分，达到译文语篇连贯，

保障译文可读性。在语法连贯的重构翻译中，主要从衔接手段的转换着手，因为两种语言的表达习惯不同，同类的衔接方式在使用频率上不一致。这种不一致就导致了某些衔接方式在翻译中会有一定程度的变形，如原文可能是隐性衔接，译文则需要将逻辑关系显化，变隐性衔接为显性衔接。例如，日语原文可以通过语法、句式、语义关系、信息预设来衔接前后文，当按照源语行文格式翻译不符合汉语表达习惯时，需要增译衔接词、增译主语（或宾语等）对显化衔接关系进行翻译。

③语用连贯的重构。语用学是一门研究话语在语境中的意义的语言学分支。一个语篇成分只有与语境建立起合理的关系，才能得到合理的解读，它的意义才能得到合理的定位。这便是语用连贯的运作原理。而所选文本是在日本文化背景下产生的，包含了日本所特有的文化背景知识和日本思维方式，两者都不在中国读者的语境认知范围内，直译会产生理解上的困难。因此，译者需要为译语读者重新打造符合译语读者所在的文化情境，需要处理源语中特有的文化背景知识以及不符合译语读者的思维方式。而打造方式可以在美国语言学家格赖斯（Grice）提出的"合作原则"的指导下开展。"合作原则"主要分为"量的准则、质的准则、关系准则、方式准则"，译者不仅要保证信息传达的准确性和完整性，更要做到信息的表达方式可以被读者接受。根据源语文本的特点，翻译主要从"量的准则"与"方式准则"这两个方面来分析如何重构译文的语用连贯。其一，量的准则指导下的语用连贯重构。格赖斯提出的"量的准则"具体指"所说的话应包含交谈目的所需要的信息，所说的话不应包含超出需要的信息"。而在双语转换过程中，上述的"遵守量的准则"就表现为，源语文本的作者为了提高交际效率，会省略一些在源语语境下无需说明的信息，这些信息可能是译语读者陌生的。若单纯直译，可能会将缺省所留下的语篇表层断裂留在译文之中，造成译语读者的阅读障碍。这便是"文化缺省"。为了使译语文本同样遵守量的准则——"说出的话要尽可能包含所需的信息"，译者需要视情况增译缺省的部分，修复断裂语义，使译文语篇连贯。其二，方式准则指导下的语用连贯重构。格赖斯提出的"方式准则"具体指"要清楚明白：避免晦涩、避免歧义、避免啰唆、井井有条""对于语篇交际来说，如果话语组织者讲的话符合受话者惯有的思维认知模式，即处于他的文化背景的范围内，受话者就会给以积极的反馈，并顺畅地进行推理；反之则可能造成误解、误读，甚至语篇交际中断，无法继续交流的情况"。由于日语与汉语属于不同语言，语言表达方式各不相同，有些句子符合源语读者的思维方式但不符合汉语读者的思维方式，如果照搬到中文当中，则可能变得晦涩难懂。在翻译中，把明晰译成含糊是对方式准则的违反。也就是说，如果将源语文本明

晰的含义译成含糊的，译文则违反了合作原则，无法将信息清晰简洁地呈现给读者。因此，在不影响原文含义的情况下可重构译文语用连贯，给予读者流畅的阅读体验。围绕译文语用连贯重构展开翻译，在"量的准则"的指导下，译者可以通过文内阐释、文外加注的方式处理文化缺省，以重构译文语用连贯，在"方式准则"指导下，译者可以通过抽象性引申及解释性引申的方式重构译文语用连贯。在语用连贯的重构翻译中，语言只有在其语境下才能为读者理解，这也是信息能否准确传达给译语读者的关键。格赖斯的合作原则是基于语言的交际规范提出的，虽然不针对书面语，但对文章语言的解读也具有重要的参考意义。因为写作也是一种交际，一种作者与读者间的交际。在双语转换的过程中，就变成了源语作者、译者、译语读者的交际，译者充当着一个重要的作用。交际要遵守基本的规则。而日汉分属不同的语系，语言表达习惯不同，各自有各自的文化词汇。因此，在编码译语信息的过程中，译者应充分考虑到不同语言的语境，遵守合作原则，编码出符合译语语境的信息。在翻译中主要采取了文外加注、文内阐释、抽象性引申、解释性引申的翻译方法，重构译文语用连贯。

  在语篇翻译教学中，还需要注重语篇衔接翻译。著名语言学家韩礼德（Halliday）和哈桑（Hasan）指出："语篇是一个任意长度的语义完整的口语或书面语的段落；在语篇研究中衔接与连贯作为核心存在。""语篇是翻译的对象和基本单位，作为一种交际活动，它具有七项标准：衔接性、连贯性、意向性、可接受性、语境性、信息性和互文性。"我们不难发现衔接性和连贯性是作为最重要的标准而存在的，衔接性更是处于首位的位置。而"衔接体现在语篇的表层结构上，是语篇的有形网络；连贯存在于语篇的底层，是语篇的无形网络"。因此，对于译者来说，语篇衔接处理是否得当关系到译文的连贯与否，而实现译文的连贯是目的论第二法则的要求。省略是每种语言都会出现的现象，因为其符合语言使用的经济原则，即用最少的语言传递最多的语言信息。但每种语言在省略以及各种语篇使用手段上有所区别。在翻译时一方面要确保正确理解源语言所使用的衔接方式，另一方面要正确地翻译为汉语读者所习惯的语篇衔接方式，否则就会导致译文充满"日语翻译腔"。韩礼德和哈桑所提出的衔接理论可以用于日语的语篇分析，并且日语的语篇衔接方式有其独特之处：在进行指称衔接时，指示词和连接词的使用较多，相比汉语使用人称代词来进行指称衔接的情况较少。随着语篇语言学的发展与不断完善和成熟，越来越多的学者开始尝试把语篇语言学（语篇分析）的理论应用到翻译研究领域，这对翻译理论与实践的探讨起到了一定的推动作用，也对大学日语语篇翻译教学起到了重要的指导作用。

①省略。省略是在特定语境中，某结构中未出现的词语可以从前后文中找到，如果缺少具体语境则需要添加词语，且仅能添加这一词语才能明白其含义。根据省略成分和前后文的联系可以将省略分为"蒙上省略和探下省略或者""承前省略和蒙后省略"。在现代日语中，省略作为句际关系的表现手段，常见的有主语、谓语、宾语、补语的省略和句中成分升格为主题后的省略等。使用省略进行语篇衔接的目的一般是使文本在保证逻辑清晰的情况下更加简练。对于源语使用者来说，可以轻易通过文章的上下文等显性以及文化习惯以及语言习惯等来进行省略成分的补充，并不会造成阅读障碍的情况。但在翻译中，被省略部分的处理则需要译者根据具体情况进行判断，即判断原文的省略衔接在译文中若进行保留，最终能否使译文符合汉语的用语习惯，让中国读者在阅读时能够没有理解上的负担，使译文符合连贯法则是重中之重。省略的处理办法一般有两种，保留原文的省略或进行省略部分的补充。

②指称。指称衔接是常见衔接方式中的一种，指称不是靠自身的词义来表达其在语篇中的意义，而是通过上下文参照其他词语来对它进行解释。如果文本中出现指称衔接则一般需要参照上下文来理解和解释。从情境出发对指称进行分类，可以分为内指和外指；按其表现形式则可以分为人称指称、指示指称和零式指称。分别对应使用人称代词、使用指示代词、省略指称代词充当指称词语所构成的指称关系。其中零式指称比较特殊，它是指在语篇中本该出现的指称词被省略，但并不影响意思传达的一种指称形式，在某种意义上可以认为是替代与省略的特殊形式。通过指称衔接的使用可以在避免文章重复的同时，保证叙述逻辑清晰和结构紧凑。此次翻译实践由于对象主要选择为经济类新闻，各种数值出现得较为频繁，为了使文章逻辑清晰，必须使用指示指称来进行回指衔接，具体情况请参照案例，分析。

③词汇的复现。词汇的复现是词汇衔接的一种，一般是指某一个词语以重复形式出现在语篇中，也就是说多个词语拥有共同的指称对象，句子和句子之间通过这种词汇的重复来实现相互衔接的效果。重复使用类同词语可以使整个语篇在逻辑意义上保持衔接。需要注意，词汇衔接一般是句际的，即发生在不同小句之间，如果在同一个句子内则不构成衔接。至于具体使用哪种词汇来进行复现，是以语篇中出现的第一个表达方式与其后同该表达式之间的关系为依据的。具体可以分为同一词、同义词、上义词、统称词注这四种。词汇的复现从大的角度来看可以构成整个语篇的结构性话题，从小的角度来看则可以构成语段中的结构性话题。在特定的语段文字中，重复词语可以使该段的话题一以贯之，而多个语段还可以各自重复自己的词语，相互之间各不相同。综上所述，

在处理语篇衔接时要以日汉两种语言在衔接方式上的差异为基础，理清楚原文难点与上下文乃至全文的逻辑关系，利用汉语在语篇衔接上的特点进行翻译。针对跨越式主语承前省略，在处理时应当将被省略处的主语进行还原。另外，日汉两种语言在指称的使用上也存在较大的区别：日语倾向于显性衔接，而汉语则倾向于隐性衔接；汉语较日语使用指示指称少，在允许的情况下可以使用零式指称来进行翻译。最后，在词汇的复现上则需要注意整个句子内由原词汇和复现词汇之间构成的话题。

二、日语跨文化教学

　　文化，从各个方面和各学科都有自己的界定。在跨文化交际中，最重要的因素就是文化。中国学者对文化的定义有广义和狭义之分：广义的文化是指人类创造的一切精神和物质产品的总和；狭义的文化是指包含着相关意识形态的精神产物。文化具有三大特点：第一，文化是社会性的，即人们在长期的生活和生产活动中形成的一种习惯，并逐步形成了一种社会准则。第二，文化是继承的，也就是说，文化不是人类与生俱来的习惯，而是在成长过程中积累和获得的知识，然后传递和获得的。第三，文化是系统的，也就是说，文化不是静态的，而是动态的。在一个错综复杂的结构中，文化的各成分之间存在着密切关系，它们之间的特定作用也是互相依赖的；即使历史会改变，文化也总能充实自己。从文化因素的角度看，不同语言会受到各自地域环境的影响，在表达上会有很大的差距，而这种差距就包括语言背后不同文化之间的差异性。在实际的日语教学过程中，日语文化因素贯穿日语词汇、语法以及语用系统学习的全过程，成为日语学习者的学习难点。为了提高日语学习者的学习能力，从学习者心理的角度出发来进行研究和观察。造成日语学习过程中的学习困难的一个重要的原因，就是学习者割裂了语言本身与其所呈现出的文化内涵之间的关系。所以学习语言不仅仅意味着要学习基本的语言基础知识和基本技能，还需要了解语言所属的文化背景知识。研究日语学习者的心理，最重要的目的是指导学生进行良好的日语学习，推动教育者进行有效的教学实践活动。所以，需要使日语学习的学习策略和教学策略相适应，掌握正确的学习策略和教学策略，不断发挥日语学习者和日语教学者的双重能动性。所以教师在进行日语教学时，要不断深入了解语言背后的不同文化背景知识和不同民族人民的心理特征等与文化因素相关的内容知识，在掌握相关跨文化知识后有助于加深对于日语教学的理解深度。

　　日语教学中跨文化知识的学习过程并不是独立进行的，它通常与日语语言教学知识并驾齐驱。而跨文化则更是通过日语语言交际活动来达成。所以跨文化知识的学习，应该结合日语语言知识和日语语言技能的学习来进行研究。日语学习者在学习日语的过程中，应该着重加强对于日本文化的理解和学习。教师在进行日语教学的过程中，应该了解学生是否掌握了日语。而衡量学生是否掌握日语的标准，不仅是学生是否可以熟练地运用日语来进行对外交流，还要根据日语学习者的日语语言交际运用能力的培养情况来判断。所以学生只有在掌握了日语语言基础知识和语言基础能力之后，才能进一步地提升日语整体水平。例如，中国人在同一天之内与同一个人多次相遇的时候，都可以用"你好"来进行寒暄；但在同样的情况下，日本人表达"你好"的寒暄语句会根据时间的不同而发生改变。这是因为日本文化中对时间观念的强调很是精准。基于其在相同的情境中却出现寒暄语表达不同的情况，可以发现中日两国之间的文化存在差异。这时如果单纯只是要求学生记住某些固定的寒暄语词汇，就完全失去学习该寒暄语的文化意义。在复杂的教学过程中，教师是否准确和扎实地掌握了日语语言知识和日语语言技能，以及在进行日语教学时日语知识之间相互联结整合的程度是否影响到了学生相关知识的掌握。接着教师需要在不同的教学情境下使用不同的教学策略去保证学科内容知识的转化，尤其是日语作为工具性和人文性相统一的学科，要特别强调教师跨文化知识的讲授与传播。所以教师在面对不同的知识时需要展示自身的教学智慧，通过多样且适宜的各种情境的策略和技能手段来保证课堂得以有效进行。

随着现代网络技术的不断发展，我们拥有了获取更多有效资源的机会，这对于跨文化学习起到了重要的作用。但跨文化知识的学习必须上升到语言运用能力的层次，才能为学生所用。为此，虽然面对固定的教材内容，教师会灵活选择一些有针对性的教学策略，以使学生能够积极主动地去感知日语文化的魅力。比如，教师通过角色扮演、电影音乐赏析、日语小游戏、诗歌朗诵、演讲、短剧表演等多种情景设定活动来增强日语文化学习的趣味性。对于刚开始学习日语的大学生，如果刚开始便以词汇和句型开道，那么在未来的日语学习过程中该学生对于日语学科及本质的挖掘不会深入。因为从所学过的单词和语法句型中，学生无法对日语语言文化产生切身的体验与感知，只有真正地融入日语文化的学习氛围中，学生才能够对跨文化交际活动有更深入的理解。教师在学习关于日式建筑的相关内容时，也会充分利用本校的教育资源（拥有一间模拟日式建筑的日语活动公共教室），带领学生在学校的日语活动公共教室中上课，让学生在真正的教学情境中进行学习，对于学生跨文化交际能力的提升和加强对文化的感知与了解有极大的作用。

结合上述日语语言知识和跨文化知识的教学，在进行日语知识教学时，应该帮助学生及时修正学习策略，鼓励学生不应局限于某一种或几种学习策略，应该多关注其他的学习策略，重视日语学习方法的作用。在日常的交际语言能力运用过程中，语言知识和学习策略是影响语言学习者能力发展的重要因素。日语学习者如果缺乏对于日语语言本身的感知，缺乏观察、感受和想象的能力，就不会达到一种良好的日语学习效果。语言学习策略不仅有助于帮助日语学习者有效地进行外语学习，还可以使教师回归到"学生"的身份去更好地去理解日语教学状况和外语学习状况，有利于促进日语教学。

语言理解与日语学习者学习策略的运用有着一定的关系。对日语语言理解较好的学生更擅长使用多种学习策略，获得较强的语言综合交际运用能力的前提是要对语言有良好的理解。而为了做到更有效地加深对日语语言的理解，需要学习者使用多种学习策略。随着日语教学多样化的不断发展，学生在进行日语学习时，其学习策略的使用情况也呈现出不同的特点。日语学习者使用元认知策略的频率最高，即学习者在日语学习过程中，元认知策略会贯穿日语学习的全部过程。主要是因为学生通过使用元认知策略可以明确日语学习的目标，制定符合自身发展情况的学习计划，也能够帮助学生监督其自身的日语学习过程，最终对日语学习成果进行评估。

所以教师应该鼓励学生自主学习，充分发挥学生的元认知策略。教师可以在进行日语教学时充分理解学生，及时与学生进行沟通，了解学生在学习日语时会出现的问题。教师应该侧重关注学生的情感变化，及时了解学生的学习动机和学习态度是否发生了转变，尽快调整学生一些有偏差的学习观念与学习状态。

教师为了达到良好的日语教学效果，需要在了解日语文化背景知识的基础之上，充分利用符合学生身心发展特点的学习策略，制定符合学生实际发展的教学策略，充分发挥学生的主体作用，调动学生的学习积极性，确保学生在学习语言知识的基础之上，形成对该日语文化的感知与理解。如果学生所表达的句式不符合日本人的日常表达方式和措辞习惯，也极容易造成误解，不利于双方进行有效的沟通。教师如果在进行教学内容的转化时，不能将日语语言的学习与跨文化知识的学习有效结合起来，即使学生能够准确地背诵出标准、正确的单词或是语句，也无法做到在合适的场合、合适的语境使用恰当的单词和恰当的语句来进行流畅的异文化交流，最终导致学生所学习的文化知识不能转化为真正的语言运用技能。因此教师在教学过程中要十分关注于对于跨文化知识的渗透，促使学生将所学习的语言知识进行切实的运用。

第五节 日语教学中的"课程思政"

"课程思政"就是将思政教育全面贯穿于专业课教学中，使各专业课程与思政理论课形成同向同行育人的教育理念。"课程思政"仅从字面上可以拆分为"课程"和"思政"，但是我们在研究的过程中绝不能将其简单理解为课程与思想政治教育的叠加，而是应该理解为在课程教学过程中实施道德教育，在知识传授中蕴含价值引领，以知识传授与价值引领同步驱动的方式，达到价值观引导与专业教育步调一致，真正实现其他各门各类课程的育人功能。关于"课程思政"的概念，不同的学者都有自己的具体表述，总的来说可以从"课程思政"适用的课程是否包含思政课的角度将"课程思政"的概念分为广义和狭义两类。广义的"课程思政"指在学校开设的思政课、专业课以及通识课中进行的思想政治教育活动，而狭义的"课程思政"是在除思政课之外的专业课和通识课中进行的思想教育活动。秉承持续改进的理念，针对大学日语课程思政教学的特点及教学实践，对大学日语"课程思政"教学提出以下策略。

一、明确"课程思政"教学目标，引领育人方向

教学目标作为教学的导向，是关于教学将使学生发生何种变化的明确表述，也是教学活动所期待的学生学习的结果。教学目标在教学中的作用不言而喻。大学日语"课程思政"教学必须紧紧围绕教学目标进行。无论"课程思政"资源的选择还是活动设计，都应符合大学日语人才培养目标与大学日语课程教学目标的需要。

"课程思政"与"思政课程"既有联系又有区别，"课程思政"须与一定的课程相融合。作为课程内容载体的教材也理应成为思政教学的载体。然而，教材有自身的编写体例与体系，加上大学日语本身的人文性使得教材中的思政元素分布不均衡、联系不紧密，如果不进行筛选和整合，思政教学亦会呈现零散的特点，无法形成教育合力，将会削弱教学效果。

鉴于此，有必要对大学日语教材的单元主题和内容进行多角度分析，确定课程的思政目标，既可以为教师开展日语教学提供指导，又能够鼓励教师因材施教，进行个性化教学。按照目标框架开展教学不仅能够实现思政与课程的紧密融合，而且能够推动大学日语课程教学的系统化，形成教育合力，提升育人效果。

二、深挖课程中蕴含的"思政"元素

《高等学校课程思政建设指导纲要》中提出要在专业课程教学中帮助学生了解行业相关的法律法规和相关政策,并围绕政治认同、家国情怀、宪法法治意识、道德修养等,对学生进行系统的中国特色社会主义和中国梦教育、社会主义核心价值观教育、法治教育等。深入挖掘日语教学中蕴含的"思政"元素,进而凝练概括为爱国主义教育、法治教育、职业道德教育和良好的个性品质教育四个主要方面的思政教育内容。

第一,爱国主义教育。我国进入新的发展阶段,爱国主义教育的内涵也在不断变化,新的历史时期爱国主义教育的内涵是全面建成小康社会,将中国建设为富强、民主、文明、和谐、美丽的社会主义现代化强国。实施爱国主义教育的目标之一就是为国家培养出爱国守法、积极进取,具有社会责任感和能创造价值的高素质劳动者。日语教学人才培养中,学生未来会进行跨文化交际,会有意识形态方面的交流与碰撞,这就需要在教学过程中培养学生强烈的爱国主义情怀,让学生在学习的过程中逐渐树立起明确坚定的政治立场,激发学生的民族自豪感。日语教学是一门实践性较强的课程,教师要深入挖掘日语课程中蕴含的思政元素并以巧妙的方式融于日语教学设计中,在日语教学实施过程中进行爱国主义教育。

第二,法治教育。《高等学校课程思政建设指导纲要》指出,"课程思政"的目标之一就是深入开展宪法法治教育,加深学生对法律概念的认知,使其运用法治方式和思维参与社会活动、维护自身利益、化解矛盾等。日语教学中要求学生在学习过程中认识到开展国际活动要遵守国家政策和法律规定。学生在专业课的学习过程中不仅要掌握专业的基本知识和基本技能,更要了解我国相关法律知识,不断提升法律意识,这样才能成长为社会主义建设合格的接班人。日语课教师要充分借助课程内容中的优势,在教学内容的设计中融入法治纪律等,让学生在真实情境中深入体会到我国倡导的社会主义核心价值观中的"公正""法治"等含义。

第三,职业道德教育。学生在未来的工作以及职业发展规划中,具备良好的职业道德和职业素养是至关重要的。我国经济发展处于新的历史时期,经济结构逐渐转型,我国对外的发展急需高素质日语应用型人才。日语课教师在进行教学内容设计时,要注重引导学生加强对本行业职业精神的理解并积极践行职业规范,培养学生的爱岗敬业、无私奉献、工匠精神、守约守时等职业道德。例如,教师可以通过模拟磋商阶段的洽谈等教学内容作为契合点,引入践约守时、行为礼仪等元素,培养学生良好的礼仪行为规范和守时意识,提升学生的心理抗压能力,培养学生耐心细心、认真负责的职业道德，从而实现学生对日语知识的全面自主构建，逐渐丰富学生的日语专业知识，强化学生的日语专业技能。

第四，良好的个性品质教育。良好的个性品质包括诚实守信、公平公正、踏实勤奋、细心谨慎、刻苦钻研、积极进取等。学生日语课的学习不仅是掌握日语专业知识和技能的过程，更是培养学生个人良好品德素质的过程。日语课教师应在仔细钻研日语专业知识并以通俗易懂的方式传授给学生，同时要深入挖掘其中蕴含的各种思政元素，融入教学设计中并在教学过程中以润物细无声的方式进行思政教育。

三、加强师资培训，提高教师的综合素养

教师素质是决定教育质量的关键。育人者先育己，大学日语"课程思政"对大学日语教师提出了新要求，因此必须对教师进行有计划的培训，提高其综合素养，才能有效应对教学中遇到的新问题，增强育人效果。

（一）对教师进行思政意识和思政能力培训

教师的思政意识和思政能力直接关乎思政教学的效果和育人质量。《教育部高等教育司关于印发2022年工作要点的通知》明确将组织开展高校教师课程思政能力培训作为深化高校课程思政建设的工作要点之一。大学日语教师经常阅读和学习大量日文原版资料，不可避免地或多或少会受到西方价值观的影响，如果不能从根本上保证教师的思想信念坚定，又何谈立德树人、为国育才？因此，有必要对大学日语教师定期开展思想理论学习。然而，对教师进行常规性、大规模、统一培训面临诸多困难，因此，依托互联网，采用线上线下相结合的培训更具有优势，也更具有可持续性。除了有组织的专门培训，还应鼓励教师积极进行跨学科合作，通过聘请思政课程教师以讲座、研讨会和文化沙龙等形式，就重大会议精神和国家政策解读等内容与大学日语教师进行交流，不断提升其思政意识和思政教学能力。

（二）对教师进行信息技术培训

大学日语"课程思政"教学要求教师具有从广泛繁杂的多模态信息中进行筛选、编辑日语教学素材的能力以及熟练运用多媒体开展日语教学的能力。

（三）鼓励教师通过自学、互学提高自身的综合素养

教师的一言一行也是"课程思政"教学的模态之一，对学生的影响不可小觑。因此教师应通过自我学习不断提升道德修养、提高审美品位，以身示范，引领学生树立正确的道德观和价值观。此外，建议年轻教师与年长教师结成团队。一方

面，年轻教师可以帮助年长教师学习和处理多模态信息，比如音视频信息的选择、编辑和制作等；而且年轻教师与学生有更多相同的经历和相似的关注点和共同话题，也便于年长教师把握时尚话题和学生兴趣，在进行思政元素挖掘和思政教学上满足学生的现实需求。另一方面，年轻教师也会获得年长教师在教学经验上的帮助。特别需要指出的是，年长教师会在思政育人方向和政治底线上对年轻教师给予及时的指引。与此同时，大学日语教师还可以利用集体备课、听课、教学观摩等多种手段互相学习，提高自身的综合素养。

（四）对教师进行赛课培训

一方面，积极组织讲座，聘请相关专家和思政教学赛课获奖教师分享教学和赛课经验；另一方面，鼓励教师积极参加各级各类课程思政教学大赛，以赛促建，提升教师的日语实践教学能力，提高课程思政教学质量。

四、创新教学模式，强化育人效果

日语"课程思政"教学模式要利用新媒体技术，通过多模态手段调动学生多种感官共同参与课堂教学。与以往的教学模式不同，多模态教学方式并没有明确的实施步骤。因此，教师作为多模态教学的引导者和组织者，应充分发挥其主观能动性，针对不同的教学内容、教学资源和教学环境，不断创新多模态教学的具体实施模式，增强教学效果。

（一）开展实践教学

在教学实践中按照课堂导入、信息呈现、同伴学习学习强化和学习评价的教学步骤开展大学日语课程思政教学。这样的教学环节既符合知识学习的认知过程，又符合思想品德的养成过程。实践教学证明，利用该模式可以将知识讲授和思政教学在每一个教学环节进行自然融合，使得知识学习和思政教学同向同行，有效地解决了知识讲授与课程思政"两张皮"的问题，既可以按照顺序组织教学，也可以根据教学需要灵活调整和取舍。这种灵活性加上多模态，可以有效地促进知识讲授与思政教学的深度融合，有利于提高大学日语课程思政教学的质量。

（二）在多模态教学模式的框架下积极探索其他有效的实施模式

多模态引入教学的时间尚短，与教学特别是课程思政教学的结合还处在探索阶段，无论是理论上还是实践上都存有较大的研究空间。多模态具有"多模态、多媒体、多方法"的广泛含义，为教师在教学实践中不断创新应用模式、增强育人效果、提高教学质量提供了便利条件。

第四章 日语教学的方法创新

先进的日语教学方法对于日语学习者来说是必不可少的,因此,在大学日语教学中,对于教学方法应秉持推陈出新、与时俱进的原则。本章分为情境式教学法、任务型教学法、对分课堂教学法、小组合作学习法四部分,主要包括情境式教学法概述、任务型教学法概述、对分课堂教学法概述、小组合作学习法概述等内容。

第一节 情境式教学法

一、情境式教学法概述

情境教育创始人李吉林对于"情境"这一概念的理解源于《诗格》中的"诗有三境"。他认为"情境"实质上是"人为优化了的环境,是促使儿童能动地活动于其中的环境"。"情境"一般指的是"情况、境地",与英语中的"situation"相对应。客观的"境"与主观的"情"紧密相连,这里的"境"可以是生活情境、教学情境、活动情境等组成的某一时间段的情况。情境具有直接刺激性,能创造一个良好的环境氛围,在教学中加以利用能够活跃学生的思维,激发相应的情感,在获得直接情感体验的同时陶冶情操。

(一)情境式教学法的内涵和特点

1. 情境式教学法的内涵

在我国,最早将情境式教学法作为一个独立概念提出来的是李吉林,从1978年开始,她一直致力于对情境教学的研究,是该研究领域的专家。此后有关情境教学的理论与实践的研究成果越来越丰富,涉及的重点和研究角度也不同,比如关于教学策略、情境创设、教学模式、教学实践等方面的研究。目前,学者对情境式教学法还没有形成一个统一的概念。情境式教学法注重学生的身心体验,与大学教学所倡导的观念相一致。同样,该教学法是需要教育者与受教育者共同参与的过程，使学生在内化教学内容的同时提高学习效率。通常我们将其理解为教师根据学生身心认知发展实际以及教学内容，筛选出与其相符合的情境素材，运用一定的教学手段，为学生创设一个环境氛围，使学生在情境中学习教学内容，受到情感指引，引导学生在体验中掌握所学内容的一种教学方法。

2. 情境式教学法的特点

（1）情感性

情境式教学法最大的优势是富有情感性。注重情感需求，教师在课堂中创设情境引发学生情感的变化，与学生进行情感互动，注重学生的情感体验。情境式教学法将所要学习的抽象知识转变为生动形象的各类情境，通过情境打破与所学知识之间的壁垒，营造良好轻松的课堂氛围来感染学生，引发学生的思维活动，帮助学生将知识内化于心。这种情感的体验能够帮助学生以更加积极的情绪进入学习状态，调动学生探究知识的好奇心，提升学生的知识理解水平和教学效果，同时达到以情育人的目的。

（2）生动性

不同年龄段的学生具有不同的身心发展特点，对知识的接受程度也是深浅不一的。心理学相关研究也显示学生在具体的形象面前更容易在头脑中形成相应的意识，帮助其更好地记忆。情境式教学法讲究"生动性"，能够将教学内容转化为具体可感的事物呈现在学生的面前，更具有直接性的特点，使其在情境中去领悟知识。这种"生动性"使文本内容变得鲜明可感，这种方式不仅能够在课堂给学生以想象空间，很快吸引学生，唤醒学生的内心，而且能帮助学生理解其背后的深刻内涵。

（3）实践性

情境式教学法具有实践性，能够让学生主动积极参与到情境中来。情境式教学法的类型包括多媒体情境、生活情境、角色扮演情境、语言情境等。比如，在课程中学习马斯洛的需求层次理论时，可以让学生扮演《西游记》中的五个人物，学生寻找每个人物的性格特点并判断其处于马斯洛需求层次理论的哪个阶段。在课程教学这个情境空间中，学生会更有代入感，可培养其掌握和运用知识的能力。

（二）情境式教学法的理论基础

1. 建构主义理论

建构主义理论是情境式教学法的理论基础之一。瑞士著名认知心理学家皮亚杰提出建构主义理论，通过对儿童认知的发展研究得出：儿童是通过"同化"或"顺应"建构对外部世界的认知的。而儿童构建对外部世界的理解与认知的过程正是儿童与外部世界接触的过程，他强调外部世界的重要性。

建构主义从知识观、课程观、教学观三个方面强调了情境的重要性。在建构主义知识观中，重视学习活动的真实情境化，强调知识的情境性，认为要创建知识的实习场。在建构主义课程观中，要求教师通过将知识放入真实场景后进行教学，强调与课程目标一致的"生成—表现性"。在建构主义的教学观中，强调情境的创设不能过于简单，创设的情境与问题要具有一定的挑战性，以引起教学对象的兴趣，从而驱动教学对象进行探索解决问题的活动。

2. 情境认知与学习理论

情境认知与学习理论融合了社会建构主义与人类学视角的学习观点，形成了两支不同的研究视角：人类学视角与心理学视角。心理学视角代表人物布朗（Brown）等人在《情境认知与学习文化》中系统地讲述了情境认知与学习理论，指出知识与活动是不可分割的，活动是学习整体过程的有机组成部分。知识只有在他们可应用的情境中才能产生意义，在情境中进行是学习知识最好的方法。要关注学校情境下的学习活动中的情境化内容，即创建模拟真实活动的实习场。与其同时期发展的人类学视角的情境学习理论相比，其研究重点是完整的人，更关注强调情境学习在社会中的交互作用。人类学视角与心理学视角虽出发视角不同，但都关注情境、活动与知识互动。情境学习理论主要来自这两类不同视角看法的整合。

情境认知与学习理论认为，教学设计环节的主体是学生，教学的内容要能够与社会实际相联系，学习者通过在真实的情境中充分发挥自觉性，从而靠自己的努力得到知识。在对教学目标和教学内容研究的基础上，创设适合的情境是熟练运用情境认知与学习理论的关键。情境的创设不能一成不变，要具有创新性，要能够随着社会生活的变化而适时更新，要让学生在进行语言学习的过程中能够不断地获得新鲜的学习内容，从而激发学生的学习兴趣。教师可随时随地创设新情境，让学生在不知不觉中开始思考新问题。通过不断地剖析新问题、提出新办法的同时提高学习者的能力。同时在情境中，教师不需要给解决办法提供标准答案，以此激发学习者参与回答的信心，从而培养学习者的创造力和探索能力。

3. 人本主义学习理论

人本主义学习理论基于人本主义心理学代表人物马斯洛和罗杰斯（Rogers）

主张的心理学应该重视对人的本性和潜能的研究，强调尊重人的价值，提倡从全人教育和情感教育出发，形成以学生为中心的教育原则，认为教育应该提供安全、自由、充满人情味儿的环境。此外，功能主义语言学重视语言与社会的关系，强调交际能力，推动了"以学生为中心"的"做中学"的教育理念的形成，从重视"教"转向重视"学"，遵循以学生为中心的人本主义原则，创造良好的教学环境，激发学生学习动力、创造力和想象力。

二、情境式教学法的应用

情境式教学法具有以学生为主体、注重创设情境、以口语交际为重、以课堂用语为目的语的特点，能够通过直观式情境、话语式情境、体验式情境、活动式情境吸引学生的关注，提高学生的课堂参与度，能够在真实性原则、感受性原则、主动性原则、趣味性原则、互动性原则引领下实现课堂师生互动、生生互动。情境式教学法适用于现代大学日语教学。

（一）情境式教学法的应用特点

1. 注重情境创设

情境式教学法，顾名思义，是指在情境中完成教学的方法。这就要求教师在教学过程中注重情境的创设。这里的情境要根据不同的教学内容、教学目标进行设计，使情境的创设要服务于本节课的教学内容、教学目标，以辅助教师完成"教"的任务，帮助学生完成"学"的任务。这里情境的创设必须是真实有效的，是在社会生活中会真实发生的情境，是可以让学生在日常生活中学以致用的。根据不同的教学内容创设情境进行教学，不断地锻炼学生在真实情境中的口语交际能力，让学生在适当的生活情境中根据所学完成交际活动。

2. 以口语交际为重

情境式教学法需要教师创设真实有效的情境，是为了在调动学生课堂参与积极性的同时让学生切身体会日语语言的真实使用环境。学生参与进来的语言情境需要学生运用口语做出反应，在情境活动中提升口语表达能力，完成口语交际。同时让语言学习从书本知识转到真实的语言使用情境中，解决了部分学生只会学、不会用的困扰。情境活动也给学生一种轻松愉快的体验感受，激发学生学习日语的主动性，同时也逐渐降低了学生说日语的畏难心理，进而再进行书面语的强化学习。在这个教学过程中，无论是教师的语言还是场景的布置，都以培养学生的口语交际能力为目的，且口语训练先于书面语训练。

3. 课堂用语为目的语

教学环境对塑造和强化学生行为起着重要作用。大学日语教学中教师课堂要求学生尽量使用目的语，减少对母语的依赖。情境式教学法重视在真实自然的情境中教授语言，在这样一个目的语环境中，学生使用目的语进行交际活动，能够促使学生使用目的语进行思维，自觉体会到学习汉语的需要及意义，刺激学生主动学习。

4. 以学生为主体

情境式教学法要求教师在课堂上创设真实自然的目的语语言环境。怎样创设目的语语言环境，以及创设什么样的目的语语言环境，都要以学生的接受程度和语言水平为基础，且创建语言环境也是为了让学生更好地学习语言知识以便应用。这就要求教师充分考虑学生的学习动机、学习水平等因素，以学生为主体，创造能够激发学生积极性、调动学生主动性、提高学生目的语应用水平的二语语言环境。

（二）情境式教学法的应用类型

1. 直观式情境

直观式情境就是借助图片、实物，甚至是教师的课堂动作表情、课堂即时的情境状态等更加直观的方式呈现所教授的语言知识点，使学生能够结合教具、教师的动作表情以及课堂即时的情境状态与自我认知建立对应关系。因此，在通常的日语教学中，生词课的讲解一般会选用教具情境，通过教具更直观地让学生理解生词含义，如学习"苹果"的讲解，可直接通过展示图片，也可以直接将真实的苹果展示给学生。教具在生词教学中有着天然的优势，教师可根据实际教学场景选择不同的教具。教具给学生带来的直观感受以及引发学生的学习兴趣的特点是显而易见的。除了使用教具创建情境，教师动作也是创建教学情境的方式之一。在讲解动词的过程中，教师可通过表情、动作等方式让学生理解生词含义，如"吃""喝""拿"等。教师可以通过"吃面包"的动作表达"吃"的含义；通过"喝水""拿书"两个动作表达"喝""拿"的含义。教师通过动作的示范，能够直观地让学生理解词语含义。

2. 话语式情境

话语式情境通常采用举例子、提问的方式创建语言场景。在创建语言场景的时候，教师应当把握几个原则：第一，教师要以学生能够掌握的词汇为前提创设场景，要保证学生能够理解教师创设场景的语言。第二，教师创建的语言场景一定要源于实际、源于生活，能够与学生的身边事情相结合，方便学生能够准确理解场景含义。话语式情境式教学法的好处是能够与学生的生活紧密地联系在一起，学生能够更好地将自己带入情境中，理解语言含义。

3. 体验式情境

体验式情境通常有游戏情境、表演情境、角色情境等。通过游戏、表演、扮演角色等方式调动学生的学习兴趣和积极性，让学生在学中玩，在玩中学，践行寓教于乐的教育理念。角色情境通常是让学生针对课文编排课本剧，分角色扮演、朗读。

角色情境的优势是在于可以让学生通过扮演、朗读的方式，体会课文中不同人物之间的关系和感情色彩。课堂的分组表演练习，不再是简单地分组对话练习。学生只是机械练习，而是能够主动地体会语义、语境。这是一种近乎贴近实际的教学方式，能够有效地提高学生的日语学习能力。

4. 活动式情境

日语活动是情境式教学法在课堂内的扩展和延伸，它可以为学生在校园内体验日语语境创造条件，帮助学生提高会话能力，尽快地适应环境，创造良好的语言契机。教师可以在日语活动中设定固定主题，布置带有日本文化的特色场景，采取个人自由演说、日语歌曲、舞蹈、节日等多种形式进行。一方面可以使学生在沟通交流中提高日语会话能力；另一方面可以帮助他们了解日本历史文化、民俗风情，加强与学生之间的沟通，增进友谊，增强学生的日语学习劲头，巩固和保证课堂教学质量。

三、情境式教学法应用于大学日语教学的策略

（一）创造情境，激发学生的学习积极性与主动性

如何高效率地提升学生对日语学习的积极性与主动性，合理地培养学生日语学习的综合水平一直是大学日语教师所思考的问题，在现今的日语教学中，协助学生完善科学有效的学习方法，促使学生创造出属于自己的良好学习日语的学习环境成为解决问题的重要途径之一。日语教师可以通过将日语情境教学合理地运用到实践课堂中，结合教材实际内容不断地进行拓展，与生活联系起来，根据学生的学习情况满足学生的学习需求，科学地创建大学日语的情境教学。比如在日语课上，教师可根据学生的学习能力将学生划分为多个小组，要求每个组的组员

进行协作，创作出一个基于自身理解的日语小故事，全篇对话用日语来展示。从剧本创作到剧情排演，每个小组成员饰演不同角色，切身实地地去把所学的日语知识在课堂中表演出来，教师也应在其中增加戏剧冲突，以此来了解学生对课程内容的掌握程度和反应能力。在整个表演的过程中，教师还应该发挥出自身的指导作用，可以通过后期的点评环节对小组学生进行点评，讲解其中出现的人物关系，提高学生对日语词汇的理解水平，有效积累掌握更多的专业日语词汇，这一方法营造了日语课堂的活跃氛围，使学生的日语学习不那么枯燥，从而提升学生的日语水平。

（二）创造情境，激发学生兴趣

在现今的日语课堂中，教师的灌入式、死读书式教学模式是学生对日语学习较为抵触的重要原因之一，学生对日语学习提不起兴趣，导致学不进去，后续逐渐放弃。在大学日语教学的课堂实践教学中，教师如何给予学生足够的日语实践机会，使学生发挥出在日语学习中的主观能动性，促使学生提高自身在自主学习中的日语表达能力？针对这一问题，教师可以把学生带到不同的环境中，给予学生选择的权利，引导学生根据自己的学习情况进行设计，发挥学生的创造性思维和想象力，将身边的环境带入日语课堂中，与生活紧密地连接起来，在学习中生活，在生活中学习。比如，学生可以记录生活中的每一件小事，然后把自己想象成一位在日本生活多年的人，职业自行模拟，制作PPT；根据自身情况把自己的生活带入课堂中，大大方方地在课堂中展示出来，配上日系的图、文、音乐；也可根据需要讲解的PPT，通过角色扮演、游戏活动等形式进行日语学习情境的创设，使学生能够自主参与到不同场景的实践学习活动中，充分提高学生的日语水平，提升日语课堂的教学效果。与此同时，教师还应鼓励学生积极参与课堂教学的评选工作，让学生互相评价，反思自身的不足之处以及需要加强学习的地方，对不足的地方进行改进，对做得好的地方继续发扬。

（三）创造情境，提高学生的日语认知水平

我国现今大环境中对于大学日语的理解还存在差异性，对于日语的理解过于片面，因此，大学日语教师对于情境式教学法的运用不能太过于局限，在创设情境教学时应当带着日本的发展进程开始讲解，日本作为亚洲为数不多的发达国家之一，其历史也是具有可取性的，不能因为一些影视作品削弱日本对于世界发展的重要性，应取其精华、去其糟粕，对于其好的一面还应多加学习，促使学生能够掌握更为先进的日语学习方法和技巧。为杜绝散漫的学习态度，需要日语教师

将情境教学融会贯通于学生学习日语的每个过程，与英语学习区别对待，引导学生转变自身的学习观念。比如，在学习时，教师应当把课堂交给学生，让学生自主选择。教师的作用是引导，让学生对自己选择的结果做出合理解释，可用列举的方法去做课堂练习。比如，教师可根据现有的教学资料给学生播放一组争取和错误的视频，将学生的结果对比分开，组织学生开展对于视频进行总结的研讨，调动学生的积极性，使学生在激烈的讨论中发现自身的不足，以便以弥补自身欠缺的知识，养成良好的日语交流表达习惯。

第二节　任务型教学法

一、任务型教学法概述

（一）任务型教学法的基本概念

任务型教学法产生于20世纪80年代，主要采用任务的方式来组织教学。在任务的过程中，以参与、体验、互动、交流、合作的学习方式，充分发挥学习者自身的认知能力，调动他们已有的目的语资源，在实践中感知、认识、应用目的语，在做中学，体现了较为先进的教学理念，是一种值得推广的有效的日语教学方法。在教学活动中，教师应当围绕特定的交际和语言项目，设计出具体的、可操作的任务，学生通过表达、沟通、交涉、解释、询问等各种语言活动形式来完成任务，以达到学习语言和掌握语言的目的。任务型教学法吸收了以往多种教学法的优点，与其他的教学法并不排斥。

（二）任务型教学法的操作模式

任务型教学法的操作模式共分为三个阶段，即任务前阶段、任务中阶段和任务后阶段，接下来将会对这三个阶段进行详细说明。

1. 任务前阶段

任务前阶段就是教师带领学生熟悉任务，引导学生完成任务前的准备工作。教师一般从教学和情感两个方面对学生进行引导。首先明确任务的主要内容，让学生了解任务的大致流程以及执行任务应注意的相关事项。在介绍的过程中，教师可以通过实物展示、图片展示和播放视频等便于学生接受的方式导入，进行任务具体环节的介绍。然后从情感层面调动学生的积极性，激发学生的兴趣。在探索和思考的过程中,难免会遇到阻碍,教师应鼓励学生克服畏难情绪、勇于挑战,保证任务的顺利完成。

2. 任务中阶段

任务中阶段是任务型教学法的核心环节,也是最重要的阶段。学生在教师的安排下,分成若干小组,然后以小组为单位合作探讨完成所分配的任务。任务的实施过程中,学生在预设的情境中,相互协作整理任务内容、汇报任务结果。教师在一旁为学生提供帮助并且充当监控者。在各小组汇报的过程中,其他学生和教师倾听汇报内容,汇报结束以后教师进行简单的点评。这一过程主要是增强学生的语言交际技能,完成交际任务,发表自身的观点,形成独立思考和进行团队协作的能力。

3. 任务后阶段

任务后阶段是指教学评估和反思阶段。在完成任务的过程中难免会出现问题,在这一阶段就可以通过教师的评价和学生之间的相互评价来提出一些改进的意见和建议,进一步解决和完善任务执行过程中存在的问题。教师可以将发现的问题交给学生,启发学生解决问题,从而加深其对知识的理解和掌握。教师也可以带领学生解决问题,通过反复操练的形式,练习和巩固所学语言知识点,帮助学生将语言形式和语言知识转化为言语交际的能力。这一阶段,学生可以发现完成任务过程中自身存在的问题,在之后的任务中做到扬长避短、取长补短。教师经过教学反思可以发现任务设计的优点与不足之处,提升任务设计的水平。师生在反馈的过程中形成轻松愉快的课堂氛围,促进任务教学的良性发展。

(三)任务型教学法的教学原则

1. 真实性原则

真实性原则是指在任务设计中,任务所使用的输入材料应源于真实生活,同时履行任务的情境以及具体活动应尽量贴近真实生活。真实并非要求任务场景与实际场景完全相同,而是尽可能地还原和模拟真实场景,以求达到更好的交际效果。教师根据学生的实际情况和实际教学环境为学生营造一个相对真实的情境,让学生置身情境中完成任务。这就要求教师在任务设计的过程中,选取与日常生活贴近的材料、创设真实情境,让学生掌握更多的语言信息,达到最佳的学习效果。这一做法的目的是让学生离开课堂进入真实的第二语言环境中,然后运用所学知识和技能进行灵活、顺畅的交际。

2. 可操作性原则

在任务设计的过程中,应该考虑到它在课堂环境中的可操作性问题,尽量避免环节过多、程序过于复杂的课堂任务,必要时教师要为学生提供任务履行或操作的模式。在教学的过程,教师会针对所学知识点进行反复操练,但是由于学生水平的差异、班级人数以及教学资源的优劣等因素的影响,任务操作难度有所改变。在这种情况下,可操作性原则显得尤为重要。因此,教师在进行任务设计的时候,要考虑多方面的因素,如学生的语言水平、学生的兴趣、任务所需时间、任务的难易度等来保证任务具有可操作性。

3. 连贯性原则

连贯性原则指任务与任务之间的联系以及任务实施时的步骤和先后顺序。在设计任务的时候,要认识到各个任务之间的联系,考虑知识间的连贯性,而不是简单地堆砌。每一个子任务都是为中心任务服务的,它们属于环环相扣、层层推进的关系。前一个任务的完成是为后一个任务做铺垫的,难度也相对低一些,呈阶梯式发展。任务型教学法的连贯性还体现在师生的互动上,教师抛出任务,学生执行并且完成任务。在遇到阻碍时,教师应积极协调来保证任务完成的连贯性。

二、任务型教学法的应用优势

(一)符合学生的认知规律

建构主义理论认为,知识不应通过教师传授得到,而是学习者在一定的情境即社会文化背景下,借助学习获取知识的过程,或通过他人的帮助,利用必要的学习资料,通过意义建构的方式而获得。"情境""协作""会话"和"意义建构"是学习环境中的四大要素或四大属性。采用任务型教学法符合学生的认知规律,有利于让学生在教师创设的情境中,在任务的完成过程中自主习得语言。

(二)有利于激发学生的学习兴趣

任务教学法非常重视学生的学习过程,认为学生是学习的主体,教师在教学过程中扮演着辅导者、帮助者的角色,起着引导、促进和总结课堂知识的作用。教师不再是知识的传授者,在课堂上注重观察学生在学习过程中表现出的学习兴趣和学习动机,发现学生学习中出现的问题并及时纠正。

采用任务型教学法,根据课文内容的需要设置不同等级的任务,可以让学生在完成任务的过程中自然地习得语言。这样容易激发学生的学习兴趣,让课堂不再枯燥无味。

（三）符合学生的特点

任务型教学法主要以小组合作学习为主，学生在合作中共同完成任务。教师通过各种类型的任务，让小组中的每个成员都能充分发挥自己的优势，互相帮助，为了一个共同的目标共同努力，共同完成任务。即使是最差的学生也能找到自己的价值和存在感，积极参与任务，很自然地变得健谈起来，在潜移默化中习得语言。

（四）有利于提高学生的日语基本技能

任务型教学法对于学生学习日语的听、说、读、写四项日语语言技能的提高效果很明显。对初级阶段的学生学习日语综合课的要求是希望每个学生都能掌握整个课文内容的语音、生词、语法点与基本的日语语言知识。任务型教学法以学生为中心，用完成任务的形式在课堂教学过程中进行学习，并给学生做更多的练习。学生需要通过听、说、读、写四项日语语言技能来理解课文内容，完成教师布置的任务。学生在课堂上需要听懂，并通过理解教师在场景设置中的要求来确认学习任务，再通过日语进行言语表达来完成任务。学生与学生之间可以互相纠正发音，一起学习，学生在课堂教学过程中的互动对日语口语训练有很大的帮助。学生可以通过询问、回答的方式去改变自己学习日语的方法，教师也可以帮助学生一起进步。这种方法能够提高学生的听力能力与实际口语交际的能力。

三、任务型教学法应用于大学日语教学的策略

（一）细化课堂教学任务，使任务教学落到实处

把任务教学方法引入日语教学中，最直接的表现就是把原来的教学任务进行细化，将原来的日语教学任务分解为若干个小任务。而在课程中，学生只需要完成老师布置的教学任务，就能达到每节课的教学目标。

在大学日语教学中，教师要注重细化后的教学任务要具有可行性，不能超出学生的能力范围，但也不能太过简单，否则会影响学生的学习热情，导致任务教学流于形式，难以达到预期效果。所以，细化后的教学任务应该满足难度适中的特点，并且在完成教学时要具备学生对教学内容进行反思和总结的过程。

（二）介绍中日文化相关内容，帮助中国日语学习者

一是从中日两国语言结构的异同点出发，进行对比研究。中、日是两个语言

体系。日语和汉语比较，其特征是语序不同、信息后置和省略主语。日语对语境的要求很高，非常重视上下文的衔接。在双方都能理解的情况下，主语、宾语乃至谓语常常被忽视。另外，日语的语序比较松散、灵活。

二是从不同的文化视角进行剖析。日本四面环海，民族单一，文化背景相似。日本人十分重视彼此间的协作，他们的感情细腻，很少表达自己的想法，以压抑自我情感作为美德。如"以心伝心"、"察する"等表达方式是十分含蓄、委婉的。

另外，中日两国的语言结构和中日文化有很大的不同，日语专业的学生认为日本人的话语太过模糊，难以接受，受到汉语的影响，容易造成对方的误解。日语教师在实践教学中应该注意这一问题。

第三节　对分课堂教学法

一、对分课堂教学法概述

对分课堂教学法有着自己独特的概念以及自身的发展历史，自从其在大学课堂率先被引入运用以来，便被广大一线教师所运用。经过多年的推广及与相关教育理论的结合，对分课堂教学法在一线教师的实践中不断发展，成为一种能够促进师生共同进步的高效教学法。

（一）对分课堂教学法的概念

"对分课堂教学法"这一概念由复旦大学教授张学新率先提出，他指出："对分课堂是将一半课堂时间分配给教师讲授，另一半分配给学生，以讨论的形式进行交互式学习的一种教学法。"顾名思义，对分课堂教学法就是将课堂时间对半分成两个部分，但有时也可根据实际情况需要合理安排时间，不必拘泥是否将时间对半平分。它强调把学生的即时讨论变成延时讨论，在课堂上留给学生一部分时间进行交互式学习、自主消化所学知识。

对分课堂教学法不主张在课前预习。在传统教学中，教师会让学生先通过预习来大致理解书本知识。但由于学生的自控力和学习动机具有差异性，就会导致预习效果产生偏差，其预习效果也让教师难以把控授课难度。面对繁重的学习压力，部分学生可能会出现学习动力不足甚至是厌学等情况，不利于其自身发展以及行为、态度的培养。而对分课堂教学法虽不主张预习全新的知识，但它强调学生课后多复习原先所学内容，教师也应该帮助学生合理安排时间复习旧知识，不断地牢固基础知识，知识根基牢固。如此一来，学生学习效果就会慢慢提升，也能与教师要求的目标更近，他们将会变得更加自信。

对分课堂教学法按照时间可划分为三个步骤，分别是讲授、吸收和讨论。对分课堂教学法的英文名"PAD"课堂就是按照这三步骤的首字母命名。其又分为"当堂对分"和"隔堂对分"两种形式。当堂对分把讲授、吸收和讨论这三个阶段融合在同一堂课中，即当堂对分需要在一节课内完成。因此，这一类型课堂的灵活性较强，对教材内容的要求也具有选择性，在进行当堂对分时应选择难度较小的问题让学生进行讨论。隔堂对分则是将吸收与讨论隔开，学生在听完课之后，自己私下查询资料，整理课上相应的笔记，之后再将作业完成。同时，在这个过程中需要自己思考分析本节课还有哪些知识点还未理清，进而分析并提出问题，在下一堂课讨论并解决。如果遇到难度相对较大，解决不了的问题，可以向教师讨教解决。问题解决完之后教师便紧接着教授新的内容。隔堂对分操作流程就是这样循环往复，对分课堂教学中学生所有的讨论都是经过思考之后的有备而来，这也是对分课堂与传统课堂最大的区别之一。

（二）对分课堂教学法的发展历史

对分课堂教学法在时间上虽不像其他教学法一样有着悠久的历史，但它自身也经历了一个比较复杂的发展历程。

1. 初步探索阶段

对分课堂教学法在课程改革大背景下孕育而生。当前我国大部分大学课堂运用的是讲授法，而在单纯的讲授法中，学生处于被动学习的状态，教师讲课也极容易变得没有激情。鉴于此，复旦大学张学新教授根据自己的课堂教学实践萌生了将课堂一分为二的想法，即课堂上教师先讲，再让学生回去看书，下次课再回来讨论的想法。而就是这样一个简单的想法，在2014年春被张学新教授实际应用到大学心理课堂上，并受到学生好评。在互联网以及使用者的极力宣传下，对分课堂教学法得以风靡中国，并应用到很多大学课程中，如美术、音乐、外语等。这些学科领域也成功获得教学改革的重点课题，同时对分课堂教学法被列为教师的培训项目之一。其中以对分课堂为题的教学改革项目有140多个，有31个来自高校、5个来自中小学的省级课题。随着时间的推移以及宣传力度的加大，对分课堂教学法不仅在大学被广泛使用，也逐渐在基础教育中投入使用。所以，对分课堂教学法的发展也推动着我国教育改革的进程。

2. 发展完善阶段

任何事物的发展都要经过一定时间和经验的打磨。

首先，对分课堂教学法作为一个新的教学范式，经过前期探索及经验总结和探讨，生成了该教学法的操作细则。2016年春节，为将对分课堂教学法进一步在教师群体中广泛运用和完善，张学新教授邀请65名在对分课堂教学上取得一定成果的教师共同编著对分课堂教学法的系列丛书。如"高校思想理论课""中学地理""高中数理""初中英语"等，这一系列丛书共分为总论和16本分册，分册集结了众多优秀教师智慧的结晶，也为后续各个学段运用对分课堂教学法提供了参照。从对分课堂教学法的兴起到不断发展完善，其取得的令人欣喜之成效，都得益于每一位奋斗在一线教学岗位上的老师。这一阶段的对分课堂教学法已经逐渐成为中国众多教师眼中的香饽饽，运用对分课堂教学法的相对专业的教师团队也逐渐形成。

其次，在2016年之后，对分课堂教学法的研究成果逐年增加，研究成果的质量也进一步提高。如在教改科研项目中，国家自然资源基金项目的课题以及省厅级项目课题比其他课题占比较高，同时每年有上百篇关于对分课堂教学法的论文被发表等。这些优秀成果既是对对分课堂教学法的肯定，也从侧面反映了对分课堂教学法的研究成果，它们也为教学改革研究提供了更多参考，把我国的教学改革推向一个新的高度。

最后，运用对分课堂教学法的领域不断扩大，其论题也不断深化，从而不断推动对分课堂教学法进一步发展，促进我国教学改革向前发展。对分课堂教学法的使用者自发形成教研团队，通过线上线下的结合进行研讨，尝试将对分课堂教学法与其他教学法相结合，如合作教学、线上线下混合教学法与对分课堂教学法相结合等。总之，研究领域的不断扩大也表明了对分课堂教学法正处于不断发展之中。

3. 全面建设推广阶段

从新一轮课改开始，教育者们便意识到，课程改革不只是针对教材改革，教学方法也要随之改变，这样才能将教学质量提高，进而培养具有创新能力的人才。创新的关键靠人才，人才得以培养的关键靠教育。

鉴于此，这个阶段的对分课堂教学法也紧跟着时代的步伐，不断加大建设力度。由张学新教授牵头的对分课堂教学法教研团队在全国许多个省份巡回演讲，分享实施对分课堂教学法的经验。自2017年以来，不少关于对分课堂教学法的课改项目被认可，全国大部分地域内的高校、职业学校以及中小学也都将对分课堂教学法付诸实践，并在公开课比赛中喜获佳绩。对分课堂教学法在这一阶段的发展成果和发展速度总体上来说是稳中求进，同时，有些正在使用对分课堂教学法的一线教师也通过在线上组织公益教研活动向更多人分享介绍它。截至 2022 年 2 月底，已经成功举办了 40 期对分课堂教学线上研讨班。如 2021 年 9 月 25 日，在线上开展高校思政课《思想道德与法治》首期在线教研公益活动，进行了对分课堂教学法的运用心得分享；在 2021 年 10 月 7 日举办的对分课堂教研在线外语部第 6 期活动中，邀请了张学新教授、来自江苏海洋大学外国语学院的胡文静老师，以及来自韶关学院外国语学院的刘桂芳老师，用四元流程给教师们讲授外语课上使用对分课堂教学法的经验。但是由于对其研究时间相对较短，因此还是有一些亟待解决的问题，如新手教师刚开始会觉得难操作，就会容易放弃。

总之，被称为"魔力课堂"的对分课堂经过几年的发展就取得可观的效果，相信通过教育者们的努力以及不断实践探索，在今后的课堂上会涌现出越来越多的对分课堂实施者以及受益者，我们的教育改革也会更上一层楼。

二、对分课堂教学法的应用优势

对分课堂教学法之所以能够一炮而红且逐渐得到广泛的推广，是因为它在大学日语教学中主要具备以下应用优势。

（一）以学促教，归还学生主体性

对分课堂教学法具有以学促进、归还学生主体性的特点。在传统的大学日语课堂上，部分教师可能会因为时间关系，不够重视对学生自主讨论、交流能力的培养，从而导致学生在课堂上积极性不高，学生不喜欢与老师交流讨论等。而当教师得不到学生回应时，其教学兴趣便会随之减弱。对分课堂教学法根据学生自身特点以及学科本身的特殊性，以对分形式划分课堂。采用这种教学方式能够调动学生的自主性，让学生成为课堂的主人，教师不能把自己的意志强加给学生。教师在与学生的交流互动中，也可以从学生身上获取许多的知识，学生与教师之间的距离也能进一步拉近。总之，学生是独立的人，对分课堂教学法需要从学生个体出发，引导学生主动汲取知识，通过培养学生积极的学习态度和饱满的学习热情来促进教师的教学，进而实现教师与学生的双向互动，促进教学相长。

（二）以学践行，发挥学生自主性

大学生已经有了强烈的自主意识，学习也更加具有主动性。为此，在大学日语课程中，不单要教授学生书本中的知识，更要培养学生独立学习的能力、实践能力和执行力。正如皮亚杰说的："真理不是以直接的方式向学生传授，而是需要学生通过自身努力去重建，去重新发现和获得。"在对分课堂教学过程中，教师不会去包办学生的学习，而是培养学生独立分析问题的能力，使其自主在头脑中构建起知识体系，并且学会在完成课后作业过程中复习所学到的知识。同时引导学生从自己的实际生活出发，鼓励他们自主获取和整理各种学习资料，并对其进行精细的加工，独立完成自己的课后作业，不断巩固所学知识以及解决学习难题等。但有时这种现象会被部分人认为是给学生增加学习任务量、加大课后学习压力。而实际上，学生在这样的学习氛围中能够自主思考，在教师和同学的帮助下也能将学习材料整理得当，将难题解决。他们能在主动完成学习任务的过程中产生独具个性的想法，逐渐形成属于自己的理论知识体系，不断提高自己的学习效率。总之，对分课堂教学法以学践行，能够帮助学生把学习当作展现自我的舞台，并充分发挥自己的自主性，在实践中寻找学习的乐趣。

（三）以练促学，激发学生创新性

当前，大学日语课再也不是传统的"背多分"课堂，它更多的是培养和考查学生灵活的思维、知识的迁移和随机应变的能力。如今的教育改革也是如此。我国正处于"两个一百年"的历史交汇点，在历史的关键期我国需要培养具有创新思维的国之栋梁。对分课堂教学法在这个教育目标的指引下，注重对学生知、情、意、行的培养，不论是当堂对分还是隔堂对分，对分课堂教学法都留给学生足够的时间与知识和解。例如，自己查找相关资料解决课堂上产生的疑惑；在讨论环节，学生通过在讨论中不断地思考，在剖析其他人的观点、方法、策略、技巧和思路的过程中，一些个性化的想法和创新性思维更容易被激发。学生不仅在讨论、发言中锻炼了自己，同时自身成就感和获得感得到满足，学习的自信心也能得到增强。总之，对分课堂教学法以培养学生学科核心素养为出发点，为培养学生学科核心素养提供了一个新的平台，引导激励学生在自主练习和同伴交流中学会思考、大胆质疑、创新思路、勇于表达，这也是每一个教育者和每一位学生最想看到的结果。

三、对分课堂教学法应用于大学日语教学的策略

（一）提高教师的专业素养

高素质的教师队伍建设是对学生进行高素质教育的前提和基础。当前，随着

教育的发展和各学者对于教学模式的探索，各式各样符合学生本质发展的教学模式应运而生。对分课堂教学法对教师的专业水平要求较高，针对"对分"的概念，教师不仅需要在时间上"对分"，还需要在内容上"对分"。而要保证在原来一堂课的时间里所讲授的内容在一半的时间内讲授完，并达到原来的效果甚至更好的效果，极大地考验着教师的教学能力。所以教师应具有与时俱进的意识，不断提高自身的专业水平和教学能力，不断加强对对分课堂教学模式的理论和应用的研究，在提高运用新的教学法技巧的同时提高自身的专业素养；并且可适当借助辅助教学工具，优化教学手段，结合科技手段提高教学水平和质量。

（二）关注学生的差异性

个体的发展存在差异，在教学中应摒弃因循守旧的传统教学模式，针对每个学生的特点进行教学。不同学生的接受能力和学习能力均不同，学习成绩优异的学生因为从小养成了良好的学习习惯，能够很好地适应新的教学法；学习成绩较差的学生整体适应能力较差，面对新的教学模式不能很好地适应。而对分课堂教学模式最具特色的环节——内化吸收环节，对学生的自主学习能力要求较高。在此阶段，学生要根据自己的学习需求构建属于自己的知识体系，全方位提高各方面素质。学习能力强的学生能够迅速融入课堂角色，进行针对性的学习；而学习能力较差的学生习惯依赖教师的讲授，不能完全进行独立思考，不能在有限的时间里根据自己的学习需求构建属于自己的知识体系，不能全面提高自身素质。因此，教师在引导学生的过程中要起到辅助性作用，指导独立思考能力较差的学生由浅入深进行"亮考帮"，完成教师布置的任务清单，提高自主学习能力。在讨论环节，学习能力较差的学生缺乏一定的自信心，缺乏表达自己的看法的勇气。因此，教师要鼓励学习能力相对较差的同学参与课堂互动，敢于表达自己的观点，让不同学习水平的学生都能获得阅读学习的成就感，从而促进内部学习动机的形成。

（三）优化课堂教学环节

对分课堂教学模式中，教师的讲授起到呈现知识脉络框架、构建知识体系的作用，与传统的教学模式有所区别。首先，教师引导学生抓住知识重点，构建文章的内容框架，并呈现任务清单，引导学生自主进行"亮考帮"整理，完成教师布置的任务。此过程层层递进，实现了对课堂内容的"对分"。其次，教师应加强对课堂时间的有效利用，同时为了提高学生的学习参与度，教师在导入环节可以参考传统课堂教学方式，利用多媒体进行课堂导入。再次，要精准控制课堂留白时间以及内容配置。教师要注意掌控时间，因为课堂时间有限，所以要在有限的时间里规划高效的教学步骤是对教师的考验。最后，教师要提高讲授环节的效率，保证讲授内容的质量，分配合理的时间留给学生进行自主学习，明确教学目标并尽力实现，这有效地提高了课堂效率，保证了学生和教师的时间利用率。教师也可以根据教学内容适当增加娱乐游戏环节，对于营造良好课堂学习氛围有着重要的作用。

（四）优化课程考核方式

对目前的课程考核方式进行细化和规范，注重形成性评价，将自评、他评和师评相结合，以此激发学生的学习兴趣、增强自信心，培养积极的学习态度和良好的学习习惯。例如，将平时成绩比重从原来的20%提高到40%；将课程作业讨论区的参与度纳入考核；课程开始前在超星学习通平台设置好学习通上作业、讨论区参与度等的分值比例，并在第一堂课告知学生。此外，要优化评价方式，作业部分采用教师评价，讨论区内容采用小组互评、生生互评、学生自评等多种评价方式。

第四节　小组合作学习法

一、小组合作学习法概述

（一）小组合作学习法的内涵

小组合作学习法起源于美国，始于20世纪70年代，并在20世纪70年代中期到80年代中期得到显著发展。在20世纪90年代，我国开始了对小组合作学习的研究，经过对小组合作学习数十年的研究和实验，逐渐将小组合作学习发展成一个成熟的教学理论。教育系教授王坦将小组合作学习定义为"以异质学习小组为基本形式，系统地利用教学动态因素之间的互动促进学生的学习，以团体成绩为评价标准，共同达成教学目标的教学活动"。这是目前国内得到较多认同并且运用较多的一个定义。但是在国际上，关于小组合作学习法的定义还不太确切，各个国家不同学者对小组合作学习都有不同的表述，其中，教育心理学家斯莱文（Slavin）和美国小组合作学习的代表人物约翰逊（Johnson）兄弟对于小组合作学习所下的定义在国际运用较普遍。斯莱文的定义是"合作学习是指使学生在小组中从事学习活动，并依据他们整个小组的成绩获取奖励或认可的课堂教学技术"。约翰逊兄弟的定义是"合作学习就是在教学上运用小组，使学生共同活动以最大限度地促进他们自己以及他人的学习"。

（二）小组合作学习法的基本要素

通过整合国内外合作学习的文献资料发现，国内外学者一致认为教师要开展有意义、好的合作学习，要满足以下五个条件。

第一，相互依赖。约翰逊兄弟关于积极的相互依赖的一系列研究发现，积极的相互依赖关系建立后，小组内以及小组间会有交互活动。尤其是在小组内目标一致时，成员会更加团结，促使课程成绩提升。

第二，面对面的促进性交互。为了共同目标完成相应的任务，小组内成员互相激励、共同进步。

第三，个体和小组责任。组内成员要互相帮助，积极参加团体活动，不能出现"打酱油、搭便车"的现象。

第四，人际交往技能。学生要积极参与到合作学习中，要相互帮助，及时沟通和反馈；准确并委婉表达自己的想法，与组员进行有效交流。

第五，小组加工。小组加工也被称为小组工作反思，目的是让小组成员意识到自身在相互协作过程中的不足并改进，组内反思、讨论有利于培养小组成员的团队合作精神。

二、小组合作学习法应用于大学日语教学的策略

（一）组织小组合作学习活动

在大学日语课上，要想创新大学旅游日语课程实践教学，教师要可以组织班级学生展开小组合作学习活动，进一步调动班级学生的参与积极性，还能够在小组合作活动的过程中锻炼学生的协作学习能力，提高学生的日语会话水平。在实际教学的过程中，教师可以结合班级的实际情况，让班级学生以自己的意愿为主，自行组成学习小组，控制每组成员在4～6人之间，提出"模拟旅行社"的活动。在活动中，每组成员均要选择一个较为著名的日本旅游景点作为活动主题，分配每名成员的角色，比如，旅行社社长、咨询人员、导游等，之后规划各种履行任务，包括车辆配置、景点安排、购物安排、餐饮安排、娱乐节目、风土人情介绍、酒店住宿安全等，并且让学生根据自己的理解灵活切换敬语与常用语，在课上通过表演的形式汇报学习与活动成果。通过这种活动，不仅能够客观体现学生对已学习知识的掌握程度及对旅游日语用语的理解程度，还能够锻炼学生的专业能力。

（二）整合学习内容

选择和设计一个好的合作学习问题对于学生开展合作学习是至关重要的，但并非所有的学习内容都具有讨论的价值，只有具备"探究性""争议性""多向性""合作性""开放性"的学习问题，才可以引起学生的兴趣，激活学生的思维，让学生最大限度地发挥潜能，从而使合作学习得以更加深入，充分呈现小组的合作精神。因此一个好的学习问题必须经过教师精心设计，教师必须在深入钻研学习内容的前提下，按照实际的教学需要，对学习内容重新进行整合。只有整合学习内容、削枝强干，才能突出重点，有效提高教学效率。

（三）基本句型背诵

《新版中日交流标准日本语》的每一课都有四个基本句型，是重点学习内容，要求每个同学能够熟练背诵。以《新版中日交流标准日本语（初级）》（人民教育出版社2013年版）第11课为例，在讲解完基本句型后，教师要求小组成员利用5分钟时间，讨论交流理解基本句型，相互考察掌握基本句型。5分钟后，教师要求小组成员每人背诵一句，课堂上8个小组的同学轮流背诵一遍，当场检验各个小组的学习效果，重点考查学生能否准确背诵。在该教学环节采用合作学习法，优点是通过小组分工合作，能够轻松实现全班同学当场掌握四个基本句型，有利于提高学生自我成就感，激发学生的学习积极性；不足是课堂上老师只抽查每个学生背诵一句，学生往往只背诵了固定的一句，不能保证每个学生四个句子都能背诵。

第五章　互联网模式与日语教学实践

"互联网+教育"是未来教育的发展方向,通过互联网模式实现日语教学新发展,真正培养互联网时代的日语专业人才。本章分为互联网辅助下的日语教学模式、互联网辅助日语教学的路径、日语网络教学资源的开发与应用三个部分,主要包括智慧教学模式、SPOC混合教学模式及线上教学模式,互联网辅助日语教学平台方面、教师方面的路径,日语网络教学资源的开发及应用等内容。

第一节　互联网辅助下的日语教学模式

"互联网+教育"是未来教育的发展方向,移动互联网、物联网、大数据、云计算、人工智能等新一代信息技术在教学中将得到应用。教育信息化由1.0时代迈进2.0时代,信息技术对教育发展具有重大影响。在一系列政策的导向与推动下,日语教学要更好地将信息化融入教学模式中,利用互联网信息技术辅助大学日语教学。教育信息化以信息技术的手段出现,但最终目的并不是技术本身,而是利用这一技术为教育教学服务。通过互联网辅助实现教育教学新发展,真正实现培养信息时代下的智慧人才。

2015年3月5日,在第十二届全国人民代表大会第三次会议上,李克强总理提出"互联网+"行动计划,即互联网与各个行业相融合;2016年,"互联网+教育"应运而生,这意味着教育改革势在必行,"互联网+教育"全面冲击传统教育,高校教育改革也面临着新的挑战;2018年,教育部正式提出《教育信息化2.0行动计划》,核心理念是坚持信息技术与教育教学深度融合,大力推进"互联网+教育",构建具有网络化、数字化、智能化、个性化、终身化特征的教育体系。随着时代的发展,教育部在不断推动教育改革来实现教育信息化的目标,创新教学理念与教学模式,提升教学质量。互联网辅助课程教学必将合为一体,成为未来教育发展的方向,也是未来日语教学的大方向。在此背景下就需要对传统的教学模式进行优化改革，运用互联网思维辅助开创日语教学的新思路，改变传统教与学的方式，以适应互联网辅助日语教学的发展方向。

　　随着教育信息化的要求不断提高，传统日语教学模式的不足开始突显，"以知识的传授为中心"已不适应当前的教学发展趋势，教学模式迫切需要变革。智慧教学作为新的教学模式，为传统教学注入了新鲜活力，打破了传统填鸭式的教育模式，增强学生对日语的学习兴趣，提升大学生的日语技能，真正实现以学生为主体，促进学生个性化思维的发展。将传统教学与互联网技术相结合，实施SPOC混合教学模式、线上教学模式，满足学生个性化、多元化的学习需求，提高大学生的学习能力与学习效率。这样可以更好地完成立德树人的根本任务，为发展素质教育服务，促进学生日语专业水平的提高，明确高校日语教学的目标指向，实现日语教学的信息化与现代化，适应互联网辅助高校教育的发展方向。

一、智慧教学模式

（一）智慧教学及智慧教学模式设计

　　智慧教学通常包含三个方面：第一是教师的"智慧教"，第二是学生的"智慧学"，第三是智慧教学环境。智慧教学是教师利用各种先进的互联网信息技术和丰富的教学资源开展的教学活动。智慧教学的应用是指学校教育教学管理与新兴信息技术相融合，便于教师更好地教学，从而帮助学生实现个性化学习和全面发展。

　　智慧教学是信息技术高速发展的产物，以数字化信息和网络为基础，是一种创新发展的新型教学模式。《教育信息化十年发展规划（2011—2020年）》提到，要推进信息技术与教育教学的深度融合，突破和改变传统教学模式。在国家政策的指导下，智慧教学这种新型教学模式出现了。基于互联网的云技术快速发展，不仅促进了教育教学资源的共享，还改变了传统的教学方式方法。

　　智慧教学的发展可以分为三个阶段，第一阶段是起步阶段，主要是理论形成；第二阶段是发展阶段，主要是智慧教学技术的发展和实践应用；第三阶段是应用阶段，主要是人工智能的发展。智慧教学与网络教学不同，学生不在完全开放的网络环境中，而是在教师的指导下进行学习，借助网络信息技术和丰富的教学资源开展面对面教学。在智慧教学背景下，应该做到以学生为主体，教师要了解每位学生的个性差异，因材施教，培养学生探索、发现和解决问题的能力；激发学生学习兴趣，促进学生在学习中发挥主观能动性。教师不仅要教授学生知识，更重要的是教会学生思考，注重培养学生的学习能力，而不是满堂灌输知识。在信息技术支持下，教学互动的过程应该包括教师与学生之间的双向互动、学生与学生之间的交流互动。

智慧教学模式是利用互联网和信息技术，通过实施微课、慕课等教学模式，利用智能手机和智慧教学设备，创造课前、课中、课后的智慧教学环境。智慧教学模式以学生为中心，帮助师生智能、高效地完成教学任务，为学生提供个性化的知识推荐，帮助教师进行智慧教学。

智慧教学模式设计分为以下四大部分：一是基础设施，二是业务应用，这两部分提供硬件和软件支持，用来满足教学和管理的需求；三是数据，支持对数据的处理、储存、交换等功能；四是终端用户，终端用户是智慧教室的使用者。在总体框架之下，各部分要素齐备、结构有序、功能多样，形成一个有机整体。除此之外，智慧教室的设计与建设应遵循智慧教室相关的技术规范和网络与信息安全规范，建设标准将在此框架下进行分级制定。在智慧教室技术规范与保障体系和智慧教室网络与信息安全体系的支撑下，师生借助基础设施层的硬件设施和业务应用层的软件系统开展教学活动。这些软硬件既支持多种类型的教学模式，又具有教学活动支持、自动录播、智能推送、情境感知等功能。数据层会对教学过程数据、教学资源应用数据、设备状态数据等按类别进行收集和处理，借助应用终端将各种数据按照用户类型及时反馈给终端用户，让教学更加智能、管理更加精准。

①基础设施。基础设施为智慧教室的应用提供硬件设施支持，包括教室基础设施、多媒体教学设施、控制设备、感知设备、网络设施、服务器等。教室基础设施是指在教室中开展教学所需的物质条件、设施、设备的总和；多媒体教学设施是指教学过程中使用的多媒体及其控制设备；控制设备指对教室内设备进行管理、控制、运行状态监测；感知设备是指具有探测、传感、控制功能并能与网络进行通信的各种设备；网络设施是组成并实现各类设备与校园网络或专用网络等连通的物理实体，是数据通信与资源共享的基础设施；服务器是承载及运行智慧教室各类教学及管理业务应用并为相关用户提供服务的计算设备。

②业务应用。业务应用是指在智慧教室内实现教学、管理、服务的各类应用的集合，应具备依据反馈信息及指令实施教学设备远程管控、构建教学应用环境、支撑开展线上线下教学活动、提升教学服务质量与体验、实现教学全过程管理等功能，包括身份认证、接口管理、设备运行与管控、教学活动支持、教学分析与评价。身份认证是指对接统一身份认证体系，实现用户在智慧教室各业务应用的单点登录和分级授权；接口管理是指对智慧教室各业务应用系统的接口按统一标

准重新封装，进行接口调用、更新和管理，实现智慧教室各业务应用系统与学校已有校园卡、教务、学工、人事等相关数据的对接，支撑各应用系统的扩展、开放、互通，实现业务的快速接入；设备运行与管控是指实现智慧教室内设备状态监测及管控的应用系统；教学活动支持是指支撑智慧教室内开展多种形式教学活动、实现教学内容展示的应用系统；教学分析与评价是基于教学活动全流程产生的数据，实施教学活动分析、展示、决策支撑的应用系统。

③数据。数据要为业务应用系统的各种应用提供数据支持，包括数据采集、数据处理、数据存储、数据交换。数据采集是指从智慧教室基础设施或系统中获取教学活动、教学管理与评价、设备运行、环境监测等相关数据的过程；数据处理是指对从智慧教室采集的数据按一定标准进行加工、转换，使之满足各类应用使用数据的需求；数据存储是指对从智慧教室环境及教学活动中采集的各类数据进行安全、稳定的存储及备份；数据交换是指在智慧教室各类业务应用系统之间开展数据的共享交换，实现对多源异构数据的提取、转换，为智能反馈和决策提供数据支持。

④终端用户。终端用户指最终应用系统的用户，包括教师、学生、管理人员、运维人员。

⑤智慧教室技术规范与保障体系、智慧教室网络与信息安全体系。高等学校智慧教室建设应遵循教育部《高等学校数字校园建设规范（试行）》对保障体系和网络安全的要求，包括统一的数据标准规范、机房建设技术规范、网络工程建设技术规范、应用服务建设规范等技术规范及人员、资金、政策的保障体系。安全技术和安全管理要求可保证智慧教室在网络环境下安全运行，做到技术先进、经济合理、安全适用、可持续发展。

（二）智慧教学辅助下的日语教学

1. 提供智慧教学的物质保障

智能化的教学设备是推进日语智慧教学的重要媒介。我国对智慧教学的研究目前还处于初期探索阶段，为保障日语智慧教学有效开展，需要良好的物质保障。智慧教学一方面是教师的智慧教、学生的智慧学，另一方面，智能化的教学设备必不可少。为了培养出全面发展的高素质日语人才，高校需要为智慧教学的顺利开展提供物质保障，保证日语智慧教学的顺利开展。

（1）打造智慧教学环境

构建日语智慧教学离不开智能化的教学环境。智慧教学模式的应用不仅可以顺应教育信息化时代的发展，也可以大大提升教学效果。建设智慧教学环境主要依托大数据、互联网与物联网、云计算和智慧屏（交互式电子白板），具体由云平台、微云服务器和云端应用工具三部分组成。智慧教学环境同样需要强大的网速来支撑。日语智慧教学的目的在于激发大学生学习日语的兴趣，提高学生日语学习的效率，需要政府与高校等有关部门提供物质保障，推动大学日语教学有效进行。

（2）完善智慧教学资源

由于智慧教学是一种互联网辅助下的新的教学模式，教学资源需要重新整合。高校要调动教师整合网络资源的积极性，使其收集、分类整理、制作适合日语智慧教学的资源。整合完成之后，方便教师开展智慧教学活动，结合本校学生具体情况，设计出合适的智慧教学模式。

（3）建设智慧校园平台

智慧校园平台建设决定着日语智慧教学能否顺利实施，是日语智慧教学的智能辅助工具。智慧教学的顺利实施不仅是将其运用到日语教学中，也要普及全部学科的教学中，真正培养全面发展的大学生。智慧校园平台建设可以促进师生间所有的课堂互动，解决传统教学中缺乏有效互动的问题，同时可提高学生参与课堂活动的积极性。教师根据智慧教学平台随时掌握每一位学生的学习状态，随时调整教学方法与内容。

2. 树立日语智慧教学的理念

理念作为一种意识形态，体现出某一事物的价值取向。教学理念是大学日语智慧教学的主心骨，失去主心骨，其他部分就是一盘散沙，难以成形。日语智慧教学的顺利实施需要普及智慧教学的理念，让更多人认可这种新型的、互联网辅助的教学模式。要不断加强智慧教学意识，开展各种培训，使日语智慧教学的理念深入人心。

（1）加强智慧教学理念

学校是学生接受教育与发展的主阵地，也是日语智慧教学的主要场所。要充分利用好学校这一教学平台，实施日语智慧教学。学校应当改变传统的教育教学理念，重视学生日语专业能力与智慧的发展，在各方面都要融入智慧教学理念。学生不仅要接受智育，也不能缺少美育，学校要鼓励教师勇于突破传统的教学观念，激发学生的想象力与创造力。在"互联网＋教育"的时代背景下，学校可以通过网络平台普及智慧教学理念，借助现代化信息技术，使教师群体真正感受到智慧教学的优越性。教师通过实践教育教学活动普及智慧教学理念，激发学生的智慧学习热情。在大数据时代背景下，每个人都有潜力成为信息的制造者、传播者和分析者，包括学生。

（2）增强智慧教学意识

教师是教学活动的主导者，教师的教学意识直接影响教学质量。因此，日语智慧教学能否顺利进行，要看教师的教育观念能否改变。教师在日语教学过程中发挥主导作用，引领教学资源的识别、积累、开发和利用。教师要利用信息化教学资源来丰富学生的学习内容，从学生这个主体出发，启迪与开发学生的智慧。高校日语教师也要不断加强角色转换的意识，充分调动学生学习日语的能动性，指导学生自己学会学习。日语学科具有一定的独特性，每个学生也都是独立的个体，教师要引导学生从被动的接受者向主动的学习者转变。在日语智慧教学模式下，日语教师要将传统教学方法中好的部分与新的智慧教学理念整合，增强智慧教学意识。

（3）加强智慧教学培训

智慧教学是适应互联网辅助教育的新型教学方式，智慧教学培养出智慧学生，对学生的全面发展有着重要的作用。学校要重视高校日语教师在智慧教学课堂中教学技能的提升，增强教师对智慧教学模式的认可，提升教师的智慧教学实践技能，从而用于课堂教学中。学校在对教师进行培训时，先选拔出有代表性的教师成立研究小组，利用假期时间对其他教师进行培训。教师接受培训以后，将培训所学到的知识和技能应用于课堂实践中，检验培训成果，完善和继续发展智慧教学。

3.转变教师教学方式

（1）提高教师信息化素养

新时代的高校教师要贯彻新思想、学习新技术，构建多样化的学习资源。在实际教学过程中，高校教师既要兼顾日语课本与课本之外的其他日语教学资源，在互联网辅助下将智慧教学与日语教学相结合，适应时代发展的要求，又要注重个性化教学，采取多样化的日语教学形式，增强学生主动参与日语学习的意识，充分挖掘学生的语言学习潜能。

（2）培养教师的智慧教学能力

日语智慧教学更加注重教学过程，功能性更强，在课堂上教师可以直接在交互式电子白板上做笔记、勾画重点，提醒学生哪些是需要注意的细节。在日语教学中运用智慧教学可以解决以往日语教学机械化的问题。智慧教学为学生创造了智能化的学习环境，使智慧教学的智慧性与教师的才能互补，日语智慧教学得以顺利实施。

4. 完善日语智慧教学评价方式

在日语教学过程中，日语教学评价是必不可少的。日语智慧教学评价不仅要评价教学效果，更要评判学生学习方面智慧的生成。在教学评价方面应当全面，通过多种评价方式推动学生日语学习智慧的生成，促进学生多方面综合能力的发展。

（1）评价主体多元化

智慧教学评价具有多元化特征，突破了传统教学评价的单一性局限。在对教师的评价过程中，可以采用智慧教学评价方式中"他评"和"自评"相结合的评价方式。在教师的"他评"环节，除了领导与同事的评价，还可以让学生对教师进行评价。教师可结合自身实际，将个人教学目标与实际情况进行比较，检验教学完成情况，提高教师的智慧教学水平。在对学生的评价过程中，也采用"他评"和"自评"相结合的评价方式。原因在于传统的学生评价以"他评"为主，这样的评价结果是片面的，因为他人很难快速地发现学生身上的变化，所以自己对自己评价会更加准确、真实。在进行"他评"时，除任课教师外，还可以让同学或家长等相关人员对学生进行一个全面的评价，这样学生可以有针对性地改进自身。

（2）评价方式多元化

在对学生进行评价时，不仅要评价学生对日语知识的掌握程度，还要对学生日语应用能力的发展程度进行评价。在日语智慧教学课堂上需要采用多元评价方式，这样才能培养出适应社会发展的具有智慧的日语专业人才。教师需要坚持激励性的原则，在课上及课后细心观察学生各方面的发展变化，捕捉学生的进步，对学生进行鼓励与表扬。教师在表扬优秀学生的同时，也不忘鼓励没有受到表扬的学生，使学生在被鼓励、赏识的环境中成长。在智慧教学模式下，评价结果可以快速呈现在交互式电子白板上，供学生自查自纠。当学生作为评价者时，他们会站在被评价人的立场上，为其遇到的问题想出解决办法，互相学习。教师要营造出良好的学习环境，引导学生为他人评价、为自己评价，关注自身能力的发展，激发学习的能动性。

二、SPOC 混合教学模式

我国高等教育的发展方式正在发生根本性的变革，即从以规模扩张和空间拓展为特征的外延式发展，转变为以提高质量和优化结构为核心的内涵式发展。我们正处于优质教育资源不再稀缺的移动互联网时代，随着教育信息化全面推动教学现代化进程，教学模式为了适应现代教育的发展而不断优化改革，线下教学和线上教学交融发展的产物即混合式教学应运而生，其在提升教育教学质量、培养高水平实践型人才方面发挥着不可替代的作用，并将成为未来教育的新常态。

混合式教学在 20 世纪 90 年代末诞生之初，便激发了一场对高等教育的未来发展产生深刻影响的学习革命，MOOC（Massive Open Online Course）、SPOC（Small Private Online Course）等教学方式逐渐从线上教学领域应用至混合式教学领域，其间催生了雨课堂、学习通、智慧树等智慧教学平台。教师可以根据混合式教学需求，借助现代教育技术设计、实施恰当的教学模式，为学生提供真正个性化的、有针对性的学习体验。发展至今，混合式教学的定义经历了一个越来越清晰化的演变过程，即由在线教学与面授教学的简单混合，演变为基于移动通信设备、在线教学环境、课堂实时反馈相结合的教学内容、教学方法、教学手段、教学环境的多元混合。因此，针对不同的学科专业、基于不同的目标导向，混合式教学的设计与实施极具灵活性，教师必须根据预期教学目标统筹协调混合式教学的资源、平台和方法。

SPOC 通常译为"小规模限制性在线课程"，这一概念最早由美国加州大学伯克利分校的阿曼多·福克斯（Armando Fox）教授提出，并将其应用于课程教学中。SPOC 是 MOOC 的延续和发展，SPOC 中的 Small 对应 MOOC 的 Massive，相比于 MOOC 的不限定学习者数量和范围，SPOC 将学习者限定在一定数量范围之内，教学规模一般为几十人到几百人不等；Private 对应 MOOC 的 Open，相比于 MOOC 的不限定学习者水平和质量，SPOC 对学习者设置限定性准入条件，只有达到一定水平的学习者才可以进行 SPOC 课程学习。通过对 SPOC 的概念辨析可以看出，SPOC 与 MOOC 都是信息化发展背景下"互联网＋教育"的产物，其本质是对 MOOC 的继承与发展。相比于 MOOC，SPOC 更注重对于学习者条件的限制和规范，这种"限制性"能够更精准有效地提升学习者的学习动机和学习效率，并且能够更便捷地追踪学习者的学习过程，及时地做出反馈和指导，从而减少浅层学习给学习者带来的不利影响。

混合式教学由"Blended Learning"一词翻译而来，是传统的面对面课堂教学和网络数字化教学的有机整合，这一概念在2002年由美国学者史密斯（Smith）与艾勒特·马西埃（Elliott Masie）提出。国外专家、学者对于混合式教学模式的概念有多重定义，印度国家信息技术研究院（NIIT）的教学设计专家们认为混合式教学是一种包括面对面、实时的E-Learning教学和自定步调学习的教学方式；有学者认为，混合式教学指的是多种网络化教学技术与教学方法、面对面的教师指导培训等不同教学方式的结合；也有学者认为混合式教学由在线教学演变而来，是运用多种教学方法将传统课堂教学与线上教学相结合的一种教学方式；还有学者认为混合式教学是在线教育和面对面教育的融合。

在国内学界，何克抗教授首次正式革新了混合式教学的概念，认为混合式教学就是发挥面授教学和在线教学的优势，既要发挥教师引导、启发、监控教学过程的指导作用，又要充分体现学生作为学习主体的主动性、积极性与创造性。此后，混合式教学便受到国内学者的广泛关注。混合式教学是在"以学生为中心"的教学环境下，学生真正高度参与的个性化的教学模式；混合式教学基于互联网、移动通信技术和面对面教学，实现课堂教学的最优化；混合式教学是根据不同目标层次、不同教学情境，将教学过程中产生的所有要素有选择性地、创造性地进行融合。

因此，混合式教学是指运用移动互联技术、智慧教学平台等教学手段，使线上教学与线下教学合理融入课前、课中、课后教学过程中的教学模式，以实现课堂教学效果最优化为最终目的。

混合式教学模式将信息化教育技术手段与传统课堂教学有机融合，通过互联网技术的应用形成课程教学的多维立体空间，根据不同类型、水平的学习者的需求对学习时间和教学环节重新划分，开展线上线下同步学习，学习者可以根据自己的需要自定步调学习，有利于教学效率和学生个性化学习水平的提升，对于增强教学效果和学习效果有重要的意义。

SPOC混合式教学是指充分发挥课前/课后推送、预习/复习课件、学习过程数据等的功能优势，基于教学目标、教学手段、教学方法、教学环境、教学内容、教学评价等实现线上与线下融合教学的教学模式，同时规定教育者和学习者在课前线上SPOC环节、课堂线下面授环节、课后线上SPOC环节中应当完成的各项任务。

SPOC混合式教学是课堂面授教学的发展和延伸，即科学运用更现代化、数字化、智能化的教学方式，使教育者掌控课前、课堂、课后的教学动态，从而及时调整学习者在学习过程中的相关要素。

三、线上教学模式

第一类是线上综合课教学模式。学生选择不同的教材或者课程进行课程活动，属于初、中级日语综合教学课程。学生可以在网站选择合适的教材来上课，教学课程听取老师意见来选择，也可以自己准备学习资料让老师进行教学。如果是经验丰富、教龄长的教师，学生还可以与老师商量，使用老师的原创教材、资料等。选择教材进行课程学习的学习者大多数是零基础或者初级日语水平的，学习日语主要依靠教材和老师讲解，对日语"听说读写"四大技能有一个初步的掌握。线上实时互动日语教学综合课，教师和学生需要通过 Skype（一款即时通信软件）、微信等免费通信软件进行实时互动教学。教师基本用 1～2 个课时完成教材中一课内容的讲解，包含语音、生词、语法、课文和练习等主要部分，课程进展速度快。学生必须利用上课时间完成教材内容的学习与练习，课后练习巩固时间较少。以上情况都可以在体验课程当中了解，学生若有特殊要求，可以在预订课程时通过 Skype 或者微信与老师进一步沟通协调。

第二类是线上自由会话教学模式。教师和学生通过实时视频、通话来进行自由会话，不过该模式对学生日语综合能力的要求较高，属于中、高级日语教学课程。所以选择自由会话模式的学生一般具有中、高级日语水平，并且具有一定的跨文化交际能力。中、高级日语水平的学生在自由会话当中能够表现出较强的理解能力、接受能力和表达能力，对于学习的积极性、主动性较强，对日语学习有较强的目的性，能够内化所学知识，并在交际、生活中灵活运用日语。

第二节　互联网辅助日语教学的路径

一、互联网辅助日语教学平台方面

（一）建立完善的学生学习信息档案

互联网辅助教学中学生人员构成复杂，人员流动性也较强。为了方便日语教师了解学生具体情况，从而开展具体的日语教学，相关机构需要建立健全完善的学生信息管理系统。为了使每次上课的老师都能基本掌握学生的课程订购记录、学习内容、课上表现以及作业完成情况等信息，互联网辅助日语教学平台可以为每个学生建立一套完善的学习档案，方便教师查询学生基本信息、了解学习进度，以保证日语课程教学任务的高质量完成。例如，信息档案可以设置上课时间、学生基本情况、主要学习内容、教材使用情况、课上表现、课程内容掌握情况等。利用该信息档案，也可对学生的日语掌握情况进行细化分级，据此教师可以更加精准地进行课程建议、教材选择以及备课等教学活动。

（二）完善针对教师的课后反馈专栏

在教师评价上，互联网辅助日语教学平台要有学生对日语教师的课后评价（一般学生很少评价教师），也要有日语专业人员对日语教师教学的透明化的阶段性评价。通过专业人员对教师日语教学质量进行评价在一定程度上存在操作难度。教师可以通过教学评估总结日语教学经验，从评估中获取学生的反馈意见并结合实际，实现日语教学质量的不断优化、日语教学效率的进一步提高。

为了进一步提高日语课程教学质量，互联网辅助日语教学平台可以将日语教师评价栏进行优化，将信息反馈进行细化分类和标准量化，设置为课后的调查问卷。例如，针对日语教师的着装仪态、教学技巧、亲和力等设置反馈问题，也可以从课前回顾、新课讲解、习题讲解等教学环节的角度出发设置问题。这样可以锻炼学生的日语表达能力。另外，平台可为问卷的填写设置奖励机制，如填写问卷赠送积分一类的活动。总之，对课后反馈进行细化有利于教师教学，同时也可以从学生的角度出发解决学习上的困难。

（三）丰富互联网辅助授课模式

如今出现了越来越多的互联网辅助教学平台，如中国大学MOOC、超星学习通、云班课、雨课堂、钉钉、腾讯课堂、企业微信等国内线上学习平台等；也出现了越来越多的授课模式，如直播课、录播课、慕课、远程指导。互联网辅助教学可增加学习平台和丰富授课模式，学生可以按需选择而不限于Skype与微信。学生和教师通过不同的平台来选择不同的授课模式，可以增加互联网辅助教学的有效性和多样性。

二、互联网辅助日语教学教师方面

（一）增加学习者的可理解性输入

日语教师应当增加学生的语言输入与输出，充分利用现代多媒体技术，向学习者展示图片、音频以促进日语学习。例如，在语音教学当中，学习者隔着屏幕接收到的实时语音没有面对面交流那样清晰，教师需要指导和训练学生明确发音部位。教师亲自给学生做示范，让学生明确发音的部位、舌唇的位置以及口型的变化。在词汇学习中，应该充分利用音读词的便利，对零起点的日语学生先集中强化词汇学习，掌握一定量的日语词汇后，将会对其听和读（输入）有非常大的帮助，然后再以此为基础学习语法并增加说和写（输出）。教师可以尝试采用多样化的形式，如图表、例句等，采用对比强化记忆的方式，以便日语学习者分辨词义。有经验的教师可以在长期的教学过程中搜集学习者容易混淆的日汉同形词，制作词义对照表。在语法学习中，因为日语是黏着语，以谓语为中心的修饰语在句中的排列顺序不同，日语较汉语而言自由度更大。教师可以采取由易到难、从交际出发的原则，调整语法知识出现的顺序。

（二）将日语测试延伸至互联网平台

互联网辅助日语测试的试题主题部分应该由专业的教研团队统一编制。另外可以根据学生的具体情况，由负责教学的教师增加针对性的测试内容。同时也要注意，不应过分注重学生分数，违背测试的初心。为了检测学生对日语语言知识的掌握情况以保证后续的学习进度，教学平台可以根据所使用教材、日语水平、课程类型等类别设置定期及不定期测验，测验可分为随堂测试和阶段性测试。如随堂测试，可以采用线上填写问卷的形式设置本节课所学的生词、语法、语音等相关的客观题，测试周期以课时或者周为单位，教师可以查阅、记录测试成绩以分析学生的掌握情况；阶段性测试也可以采取线上问卷的形式进行，同时可利用视频设备实时监测考试以保证有效。

（三）提高教师综合素质

教师应当提高对自身的要求，不断提高自身综合素质。从专业技能方面看，特别是对于部分非日语专业出身的教师来说，可以借阅相关书籍进行学习，扩大自己的日语知识储备和提升日语教学技能。教师也应当学习汉语、英语等学习者的母语。为了更好地进行日语教学，了解、分析学生出错的原因，需要进行汉日语言对比分析研究。这既有应用价值，又可以帮助我们改进教学。充分了解学习者的母语可以帮助教师将汉日两种语言进行对比，更好理解学习者的母语思维，以促进教学。

（四）帮助学生树立正确的日语学习观念

在互联网辅助日语教学中，教师要帮助学生消除心理障碍，树立正确的日语学习观念。日语学习者存在过度依赖教材、不愿开口的现象，究其原因，是由日语学习者认真踏实、喜欢埋头努力但害怕出错的性格特征造成的。作为教师，我们需要给日语学习者树立良好的日语学习观，让他们明确学习日语有着明显的优势。由于汉日文字相通、汉日文化关系密切，日语学习者比其他国别如欧美国家等非汉字文化圈的学生学得更快。

在课堂教学中，多鼓励学生脱离教材，利用身边的事物来练习，培养日常交际能力。多表扬学生，在纠正偏误的时候，教师不要采取直接指出学生错误的方法，这样会打击到日语学生的自信心，导致他们以后很难再主动开口。教师先表扬学生，再采取多次重复正确表达的方法让学生复述，使其在多次复述的练习过程中掌握知识点。例如给学生上课时，只要学生开口，首先表扬学生"声音很好听""发音很标准"，然后再带领学生练习。学生的开口次数明显比之前多了，课堂气氛也渐渐轻松了起来。

（五）教师积极引导和帮助学生

教师在日语教学中要积极引导、帮助学生学习，活跃日语教学课堂气氛。由于互联网辅助教学对象的特殊性，没有办法进行小组活动，缺乏与同伴的互动练习。可以尝试多种形式，各校教师采取了很多教学方法，比如微信答疑、VR（虚拟现实技术）情境还原、小程序、手机游戏等多种多样的形式。

在日语学习过程中互动环节是必不可少的，互动依赖于教学生态环境，模拟日语教学生态环境是教师们遇到的新挑战。在互联网辅助教学中，需要教师积极引导、帮助，活跃课堂气氛。例如在讲解语音知识时，可以利用手势、图片等工具辅助学生理解发音过程明确发音部位，还可以利用假名小卡片和学生练习拼读和发音。大部分日语学习者在课下没有开口练习日语的机会，学生需要有在课堂外学习日语的意识，而不能仅仅止步于互联网辅助下的课堂学习，需要将日语学习延伸到生活中去。在课上向学习者推荐外国人线上交流、学习日语的APP和一些日语学习公众号，他们可以利用课余时间增加日语环境，培养日语思维。

第三节 日语网络教学资源的开发与应用

一、日语网络教学资源的开发

在日语实践教学中日语网络教学资源的开发,需要一定的内外部条件的支持,主要包括：开发学校信息技术环境、开发师生的信息技术素养、设计教学需求的网络资源、开发多元网络资源渠道等。

（一）开发高校信息技术资源

要有效实施日语网络教学资源在日语实践教学中的应用,高校必须拥有数字化校园的基础设施,包括通畅的校园网、大容量的资源存储空间和科学有序的网络管理。学生寝室可接入互联网,图书馆电子阅览室提供上网服务,师生可以在校内外方便使用网络教学资源,为大学日语教学和学生课后自主学习提供必要的设备和资源保证。

日语课堂教学场所一般安排在网络数字化语音室或多媒体教室,这些场所应该接入校园网,连通互联网。这些教学场所拥有先进的多媒体教学设备,例如大屏幕电视或投影及视频点播系统等,可以根据需要随时从网上调取日语教学资料配合日语教学演示,优化日语教学过程,有利于开展日语视听说教学活动。

（二）提升师生的信息素养

信息素养是指对信息能进行有效判断,并且清楚基于何种需求去获取信息,如何获取、评价和有效利用信息,其中涉及获取信息的意识、获取信息的能力和信息的应用。个人具有良好的信息素养表现在能熟练使用各类信息工具,包括网络信息传播工具、办公自动化工具、多媒体制作与应用工具等；能根据学习目标和内容有针对性地、有效地获取并整理各类学习信息,能轻松自如地进行信息检索、浏览、下载、复制、传播、共享和应用；能对获取的信息进行归纳、整理、分类、表达、二次加工和有效应用；在多种多量信息交互影响和作用下,开展创造性思维,创造有价值的新信息；善于运用信息分析问题、解决问题,能综合应用信息,并发挥最大效益；使信息和信息工具作为沟通、交往和合作的有效手段。

大学师生拥有基本的信息素养是日语网络教学资源应用于教学实践的保证。另外，网络教学资源应用反过来又促进师生信息素养进一步提升。在信息技术应用于教学的浪潮下，一名合格的教师必须掌握获取、甄别、精选、组织加工网络资源的能力。通过提高教师专业素质，以保证教师精选及开发高品质的资源，保证日语教学质量，并在教学过程实施应用。利用日语网络教学资源，也势必促使日语教师及时更新日语知识，关注日语课程教学最新动态，与时俱进。

（三）设计教学需要的网络资源

优质的、适合教学需求的日语网络教学资源是辅助日语教学实践的关键，优质的网络教学资源需要精心选择或科学合理地自主开发设计。日语网络教学资源的设计开发流程包括需求分析、教学设计、日语网络教学资源开发等。

①需求分析。教师首先要分析研究日语网络教学资源辅助日语课程的需求及应用策略，开展需求分析、可行性分析及总体设计。根据日语教学理念、教学方法和学生学习特征，分析教学目标，分析教学内容，分析期望达到的效果，分析研究如何利用网络资源来辅助日语教学实践。

②教学设计。教师需要深入了解日语课教学目标、教学要求和教学内容，了解教学的实际情况，在现代教育理念指导下开展教学设计。教学设计包括教学策略设计、情境创设、网络资源呈现方式设计、自主协作学习设计等，形成日语教学资源的知识结构，完成日语网络教学资源结构初始化。通过对网络课程资源整体结构的设计，还可以对授课内容和流程进行再次梳理和重新设计，解决以往传统课程教学中内容不够明晰、效果不够显著的问题。在日语网络教学资源建设中，提倡以建构主义理论为指导进行教学设计，在建构主义思想下，选取、开发、组织网络资源的目的是支持学生的"学"，主动并积极去学，而不是支持教师的"教"。要充分考虑学生学习特征，注意对知识概念的全面理解，加强实践型学习和合作学习，遵循教学的反馈性、可用性、智能性和技术性原则。

③日语网络教学资源开发。互联网信息传输自由、迅速，便于优质教学资源在全球的交换和共享。网络教学资源极其丰富，包罗万象，但是并不是所有的信息都能为我们所用，很多资源需要经过专业的筛选。有的资源可以直接用于日语教学实践，有的可以作为二次开发的原始素材。原始网络素材包括各类文字素材、图形图像素材、音频素材、视频素材和动画素材等。筛选优质的网络资源对教师业务水平（包括对课程的把握水平和信息技术应用水平）要求较高。教师需要掌握日语课教学情况，理解现代教育理念，学会使用计算机和网络，了解日语教学

网络资源分布情况和存在状态，学会使用百度等搜索引擎，掌握在浩瀚的网络世界里发现优质日语教学资源和素材的能力。现有的网络教学资源常常不能适应实际日语教学需求，真正有效的网络教学资源通常要经过精心设计制作，或对原始网络资源进行二次开发、整理、加工，或自主设计开发网络资源。只有设计、开发、构建适合自身教学情况且具有校本特色的日语教学网络资源，才能满足教学需求。网络资源是否适用，设计是关键。日语网络教学资源的设计开发要符合课程教学特点，目标明确，结构合理有序，内容充实并备有表现力，能辅助日语听、说、读、写、译能力训练。在设计中，要做到认真、精心和有技巧性，图、文、声并茂，制作要别具匠心；内容的选取要与日语课程教学计划及要求紧密配合，体现知识与技能、过程与方法、情感态度与价值观目标的有机结合；注意启发和引导学生，注重对学生进行分析、思考和动手能力培养，要有利于培养学生终身学习的能力和勇于实践的能力；音视频资源应短小精悍，方便网络传播；资源应用要具有交互性、可实现性和易于操作，资源交互设计影响学生学习效果，要考虑学生的学习体验，考虑信息表现形式及设计方式，要将学习内容突出而形象展示在学生面前，并易于操作。网络资源格式要通用，方便学生下载、浏览。日语网络资源设计开发要注意学生学习特征，尽量多设计一些实践环节的知识学习，多一些听、说、读、写、译等技能训练内容，营造语言学习情境与环境。同时尽量使用多媒体教学手段，把大的教学内容分解细化成一系列小的单元，再把小单元用各种适合的表现形式细化显现。

④网络教学资源库建设。虽然零散的网络教学资源也能为教学服务，但不利于系统性辅助教学，因此有必要建设日语网络教学资源库，方便长期、有效、系统的应用网络资源辅助日语实践教学，方便学生课后自主学习。日语教学资源库是在网络技术环境下，针对日语教学目标和教学要求，结合学生的学习基础和学习能力，收集、整理、开发系列网络教学资源，整合各种媒体素材、课件、习题、试卷、案例、教材、教案，为教师备课、课堂教学及学生预习、复习、自习和教学辅导提供资源。网络教学资源库是课程体系在网络上的延伸，要以课程自身为核心，以如何更有效表达课程体系为主要立足点，注重课程建设的综合性和课程设计。日语网络教学资源库建设要把握"简单、易用、实用"的原则，网页设计简单、美观、大方。尽量提高浏览速度，统一主题、统一风格、统一用色、统一导航，符合师生应用体验，易用实用，便于学生课后通过资源库独立自主地学习，巩固课堂教学内容，提高教学实践效果。

⑤测试和评估，修改和完善。日语网络教学资源及教学资源库能否对日语教学起促进作用，是否适合日语教学的实际情况，需要进行科学性、有效性测试和评估，以实际应用和效果体现来检测网络资源的有效性、易用性、可操作性，通过测试、评估和应用发现问题、找出不足，再加以修改完善。

（四）开发多元网络资源渠道

日语网络教学资源开发建设和网络教学资源应用不能仅依靠教师，这涉及方方面面，需要多种力量的支持，特别需要校方从人员、经费、激励机制方面给予支持，教务部门、信息技术管理部门、所在系及教研室等相关部门协同配合，群策群力，才能把网络资源教学应用落到实处。

作为大学日语教师，从资金、技术、时间和精力方面考虑，难以自主完成系统的日语网络教学资源开发建设，可以在学校、社会力量支持和帮助下，借助学校信息技术人员或第三方力量进行具体的开发建设。提倡教师通过培训和自主探索，掌握信息技术应用技能，这样更有利于日语网络教学资源的开发建设，更有利于信息技术辅助教学的具体实施。

二、日语网络教学资源的应用

开展日语网络教学资源在日语教学实践中的应用，首先教师必须具备现代教育理念，掌握信息技术应用于课程教学的方式方法，学生应该具备计算机基本的操作技能和网络应用能力，学校具备符合现代教育需求的校园网，这些都是保证网络资源应用于日语教学的基本条件。在建构主义教学理念指导下，基于学生认知特点、日语教学特征和课程定位，结合协同学习、任务驱动、探究学习等教学方法，教师根据教学目标、要求、内容，有针对性地精选优质的原始网络资源，或自主设计网络资源，开发建设校本日语教学网络资源库，采用线上线下相结合方式实施网络资源辅助日语实践教学，以提高日语课堂教学效果和学习效率，培养学生的知识探索能力、自主学习能力和信息技术应用能力。

大学日语课时有限。此外，学生习惯的教学模式是现阶段应试教育下的传统教学模式，学生自主学习能力有限，自律能力有限，因此，不宜完全采用单纯的线上学习方式，不宜单纯依靠网络资源，而应采用网络资源辅助课堂教学模式与网络自主学习模式相结合的方式。日语网络教学资源辅助课堂教学是指网络资源与日语课堂教学有机融合，在课堂上师生依托日语网络教学资源辅助教学，包括教师起主导地位的传统课堂教学以及强调学生主体地位的现代课堂教学；学生自主学习则是指学生依托网络资源，开展课后自主学习，包括预习、复习和延展学习等。这二种教学模式都依托网络技术和网络资源，是促进学生主动学习、自主学习和创新学习的实践教学策略，都有助于学生日语学习和提升学生能力，都有助于提高网络环境下师生的信息技术素养。课堂教学模式和自主学习模式各有其优缺点和特色，不能简单地加以取代或否定，而应当实现彼此扬长避短，努力做到相互融合、相互促进，应该以课堂教学为主体，同时引导学生课后进行线上自主学习。利用网络资源辅助日语教学实践是整个教学过程的组成部分，是课堂教学的有机组成部分，是课堂教学的时空延伸，这点对日语教学至关重要。

日语网络教学资源在日语教学实践中的应用不是"点"的应用，而是"线""面"的应用，可贯穿整个教学过程，直至延伸到终身学习。其应用覆盖从课前辅助教师备课、学生预习，到课堂辅助教学，课后辅助学生复习、巩固及完成作业、疑难问题咨询解答等教学环节。另外，在教学评价、教学质量监控、教学反馈方面，都可以起到一定作用。网络资源已成为教师和学生获取日语教学资源的主渠道，利用网络资源可以弥补课本知识的不足。网上有丰富的日语学习资料，例如，多功能、资源集中呈现的资源平台有沪江网校、百度教学日语频道、各高校和培训机构的教学网站及资源库等。此外，在众多的论坛、网站、资料共享平台中有很多日语教学网络资源。日语教学网络资源并非指单纯的网上课件、多媒体材料等，网络中还有很多日语教学交流的QQ群、微信、论坛、留言簿等，如咖啡日语论坛。

（一）日语课堂教学中的网络教学资源应用

大学日语教学主场地还应在课堂，日语网络教学资源应用于以教师为主导的传统课堂教学，教学环境宜为网络多媒体教室或语音室。教学方法是借助日语教学网络资源及校本网络资源库辅助教学。课堂仍然是以教师为主导，以教师讲授为主，在传统的课堂融入网络资源元素，网络资源与课程整合，在教学中合理适时地加以运用。课堂教学常用的网络资源多是多媒体形式，包括音频、视频、动画、PPT课件等，借助这些资源辅助教学可增加学生学习兴趣、提高教学效果。具体应用有跟着网络音频、视频资源学习单词和句子的朗读，所选的教学资源应该配有文字说明或字幕，学生学习和理解更加方便，可对照文字检查视听的效果，记忆生词和句子。通过用图片、音频视频资料辅助教学，学生对刚学习的句型反复操练、模仿，形成习惯表达，有效地帮助课文的阅读和理解。把生词表中的物体名词用网络图片对应，学生学习兴致盎然，课堂气氛活跃，有效地帮助学生记忆单词。课后，教师需将课堂教学所用的网络资源上传至日语教学网络资源库或通过QQ群等方式与学生共享，以便学生课后复习、巩固和延展学习。

日语网络教学资源应用于以教师为主导的传统课堂教学，其应用目标是实现高效课堂。借助网络资源辅助教学以构建高效课堂，充分发挥信息技术的优势，丰富教学形式，优化教学过程，提高教学质量和教学效果，有效地培养学生的综合素质。要注意的问题包括：课堂教学过程中，大量应用网络资源很容易造成教学过程简单，教师没有肢体语言，缺少口头发达，学生则被动学习；教师仅顾及教学进度，课堂教学成了教师与网络的独角戏，师生互动交流减少。因此，要注意不过度应用网络资源，要避免未结合课堂教学内容及需求应用网络资源，避免只重网络资源应用而忽视常规教学手段，避免把课堂当成网络资源展示课。

网络资源能有效地应用于强调以学生为主体的现代课堂教学，强调以学生为主体的现代课堂教学有别于传统课堂。课堂仍是以教师为主导，但更注重强调学生在教学中的认知主体地位。学生在学习环节中搜集、处理、接受网络资源，通过网络资源完成学习任务，应对出现的问题；而教师在整个教学活动实施过程中，作为学习的督促者和帮助者存在。在教师的引导下，在网络资源辅助下，学生面对任务，协同学习，相互讨论，共同解决。在一项项学习任务的完成和问题探究过程中，学生不断地获得成就感，更好地激发求知欲和学习兴趣，发挥自身学习的主动性，从而在轻松愉快的心情中学习。学生在学习过程中展示出一定的灵活和自主性，必须通过亲自解决问题来完成学习任务，将学习过程变成学生个人的探索和发现过程。建构主义理念的应用使学生在发现问题、探索问题、解决问题和完成任务的过程中不断获取知识、巩固知识。

大学日语教学方法为借助网络资源及校本网络资源库辅助教学，结合小组协同学习、学生探究学习和任务驱动法等教学方法。日语网络教学资源有利于先进教学方法的应用，网络资源的应用要结合协同学习、探究学习、任务驱动等教学方法，促进它们的融合，并相得益彰。采用任务驱动法教学，教师给出任务，以完成任务为主线指导学生发现问题、解决问题，以获取知识，掌握技能。要有效地开展探究学习、协同学习活动并采用任务驱动教学法，学生必须借助大量的学习资料，网络资源即学习资料最便利、最有效的来源。

大学日语教学过程前延到课前，后延到课后，课前、课中、课后连贯配合，以完成教学任务。教师提前将学生任务和学习问题布置给学生，学生带着问题和任务，以小组为单位，利用课前时间，利用网络资源，搜集信息、提取信息、处理信息、合作研究、讨论探究，解决问题，完成任务，通过意义建构方式获得知识，在任务解决中自主学习，将知识的理解和掌握引向深入。针对疑难问题，在网上查找答案或通过校本网络资源库查找，也可以通过网上论坛等方式寻求帮助。课堂上，学生展示自己学习的习得成果，教师加以点评和指导，学生相互学习，相互借鉴。课后，学生依据本校网络资源库复习巩固本课知识，并通过教师提供的网络资源延展学习，网络资源库提供预习任务和相关资源，便于学生后续课程预习。

网络资源应用于以教师为主导的传统课堂的教学模式和应用于强调以学生为主体的现代课堂的教学模式，两种模式要综合运用，有序运用，循序渐进。要依据教学目标、教学内容和教学需求选择哪堂课、哪部分内容采用哪种模式，此外，还要考虑学生对网络教学资源辅助学习的接受能力。课程教学前期适用网络资源应用于以教师为主导的传统课堂的模式，一段时间后，学生适应网络资源辅助教学，在教师指导下，掌握日语学习网络资源的使用方法，则可慢慢过渡到网络资源应用于强调以学生为主体的实践教学模式。

整个教学过程中教师要发挥"导"的作用。学生自主探究学习，自主完成任务，教师要发挥引导作用，即指导和帮助。除了课堂实时指导，课余时间也可通过QQ、电子邮件、网站留言簿等途径指导和答疑。面对网络中大量的教学资源，有的学生往往不知如何筛选，反复搜索和试看、试读、试用反而耽误学习时间，甚至接触到垃圾信息。这正需要教师加以引导。此教学模式实现的关键，是要向学生提供符合课堂教学内容需求、有应用价值的网络资源，或者指导学生学会去获取所需的网络资源。

一些学生的学习自制力和主动性不强，有的学生想充分利用课余时间学习，但没有引导，没有学习氛围和环境，也不知道如何开展课余学习。因此，对于这类学生，能充分调动其课余学习积极性并加以引导非常重要。

（二）学生课余自主学习中的网络教学资源应用

日语网络教学资源能有效地帮助学生课余自主学习，教师应有目的地指导学生将学习延展至课外，培养学生利用网络教学资源主动获取日语知识的能力，增强他们日语学习的灵活和开放性，实现教学过程的转变，成为由教师指导学生主动探索以及追求自我发展自我完善的过程。在学生借助网络资源开展课余自主学习的过程中，教师要发挥引导作用。

通过布置学习目标和任务，提供网络资源，多沟通多交流，引导学生正确地自主学习，在学习目标、学习进度、学习计划、学习方法和学习资源方面，做到有目的、有序地和有成效，学有所获，不走弯路。通过网络应用软件微信、QQ

群等开展小组式学习，师生发布和共享学习资源，学生之间就学习内容和教学资源相互探讨，有利于实现对所学知识和技能的理解与掌握。针对学习中遇到的疑难问题，可以通过论坛、QQ群、微信等网络交流工具发布到网上，从而得到多方帮助、多方讨论，集思广益。通过课外自主学习与训练，努力把学生造就成自主型的学习者。课后网络学习是依靠学生自身，通过计算机与互联网络开展学习和交流，师生相互协作，建立在自主学习的基础上，充分发挥学习主动性和自觉性，并有助于培养学生获取知识和创新思维的能力。

日语网络教学资源虽然丰富多彩，但也具有掌控性不强、操作有技巧等特点。教师要培养学生基本的网络自主学习技巧，如掌握网络资源检索、网络资源上传下载、电子邮件收发、网上作业提交和参与网络讨论等学习策略与技能。网络教学活动不受时空限制，机动灵活，并可利用时间碎片开展学习。学生学习的媒介可以是手机、电脑、平板等移动终端，或者是宿舍、网吧、图书馆、电子阅览室的电脑。课后师生交流方式多种多样，师生可以通过网络实时交互和非实时交互。日语网络教学资源应用于日语实践教学的方式方法多种多样，教师可以根据教学内容、特点、需求和时段自由灵活地运用，从而提高大学日语教学实践的应用水平。

第六章　翻转课堂模式与日语教学实践

　　翻转课堂是先练后教、以学生为主导的教学模式，在大学日语教学实践中应用翻转课堂模式能够提高学生的学习成绩和合作意识，可以说，翻转课堂模式在增强学生学习效果方面具有积极的作用。深入研究翻转课堂模式的相关理论以及该模式在日语教学中的应用意义和优化策略，可以为大学日语教学改革提供参考和借鉴。本章分为翻转课堂模式相关论述、日语教学导入翻转课堂的意义、翻转课堂模式应用于日语教学的实践三部分，主要包括翻转课堂模式的定义和特点、翻转课堂在日语教学中的应用优势、翻转课堂模式应用于日语教学实践的启示等内容。

第一节　翻转课堂模式相关论述

一、翻转课堂模式的定义

　　翻转课堂（Flipped Classroom），也被称为"颠倒课堂"，指知识的传授和内化过程翻转过来的教学方法。翻转课堂模式是对传统教学模式的颠覆与翻转，是教师依托信息化技术，在课前向学生提供以教学视频为主要形式的学习资源，在课堂中师生面对面进行互动的一种新型的教学模式。

　　结合前人研究，可以将翻转课堂模式定义为课前学习者在线上对教学资源进行自主学习，课中师生、生生在线下通过问题解答、合作讨论等策略促进知识内化，课后师生进行自我反思和相互反馈的教学模式。

二、翻转课堂模式的特点

（一）教学过程发生颠倒

　　传统的教学模式是先教后学，也就是老师先在课堂上按照教材进行教学，学生后在课下进行吸收和巩固。而翻转课堂模式是先学后教，学生先在课下利用老师提供的资料进行自学，教师在课上就学生没理解的知识进行答疑解惑，学生们也可进行协作探究从而促进知识内化。

（二）学习资源更加丰富

传统的教育模式下，学习资源仅单纯的以教材为主，教师在课堂教学的过程当中大多通过课件或板书的形式来展示学习的内容。但翻转课堂教学则不同，就学习资源层面来说，学生们除了可以利用教师在上课之前提供的学习资源外，还可以从国内很多高校或者网络平台上，选择各类名校名师制作上传的教学视频资源和自己感兴趣的知识点进行学习，这样的话学习会更加便捷高效，学习的深度也会得到提升。

（三）教学评价更加系统

传统的教学评价方式，千篇一律就是期末总结，学生的期末成绩结合日常表现就可用来评判学生是否优秀。而翻转课堂模式下，教学评价是一个过程型评价，学生在课下的自学情况、课上的参与情况、创新能力、团队协作等都能得到体现，都可以作为教学评价的直观因素，所以，教学评价更加系统全面。

（四）教学方式更加灵活

传统课堂上，高校课程多采用大班授课方式，选课人数为 50～100 人，因人数较多而很难顾及所有学生的学习情况。而翻转模式下的课程，多以线上和线下相结合，课下的学习可随时随地完成，而不必在教室里消磨时间，所以教学方式更加灵活。

（五）可以自由规划学习时间

在以往的教学中，教师按照课表在指定时间到固定教室教学。但随着翻转课堂模式的实施，无论是教师还是学生，均可以打破时空的约束，网络变成学生学习的场合，更加有利于教师与学生、学生与学生间的互动，学生的学习以及教师的教授方式均得到了创新。

（六）教学视频简短且凝练

翻转课堂模式下讲解运用的教学视频要短而精。其中，短是指简短，即视频时间短，时间要控制在 10 分钟左右。精是指凝练，也就是视频的内容不宜冗杂，通常只讲解一个或者最多两个必要的知识点，这样学生不仅使用方便，而且学习效率也会得到提升。

(七)注重学生的个体发展

应用翻转课堂模式后,知识点获取的来源不再是教师课堂上的讲解,而是学生课前需要的学习资料由教师来提供,教师督促并帮助学生完成有关的学习内容,关注学生的知识吸收情况,针对个体学习能力的差异给予单独的指导,尽最大可能帮助班级内的所有学生取得进步。

三、翻转课堂模式的理论基础

(一)建构主义理论

1. 建构主义理论概述

20世纪60年代,著名儿童心理学家皮亚杰提出建构主义理论,这是对教育教学有着重要指导意义的学习理论。建构主义学习理论认为,学生学习知识并不是简单依靠教师的讲授,而是学生在特定的环境中,通过借助他人的引导和相关学习资料,从自己的原有经验出发进行有意义的建构而获得的。也就是说,建构主义学习理论支持的是:"在教学中要以学生为主体、教师为主导。"具体来说也就是在教学过程中,教师要引导学生积极地去探索知识,而不是被动地接受知识。与此同时,教师在教学过程中的角色是组织者、帮助者、指导者和促进者,教材内容不是教师用来讲解的,而是学生用来进行意义建构的,包括各种实物、多媒体等教学用具都并非辅助教师教学的手段,而是作为创设学生进行合作学习和探索讨论情境的工具。

建构主义教学思想主要体现在以下四个方面。

首先,建构主义知识观认为,知识并不总是绝对正确、一成不变、客观存在的事物,人的经验不同,对于知识的理解也不尽相同。所以,学习者在学习知识时,要从自己的经验和背景出发,主动进行有意义的建构,并在实践过程中对知识进行挖掘和探索。

其次,建构主义学习观认为学习的过程并不是简单的"教师主动教,学生被动学"的过程,而是要求学生通过自己的思考主动、有意义地建构知识的过程。这就需要学生在自己原有的知识背景和经验的基础之上,加工、处理新获取的外部信息,最终建构知识。

再次,建构主义学生观认为,在开始学习时学生就有着一定的知识经验和想法,并不是头脑空空。也就是说教师要重视学生原有的知识经验,在其基础之上再传授新的知识。与此同时，教师应该引导学生共同对学习内容进行研究和探索，相互讨论、交换学习心得并互相学习。

最后，从师生角色定位及作用角度出发，建构主义认为在教学过程中教师充当的是学生学习的引导者和合作者的角色，而并非知识的权威，教师在教学中主要起到协助和点拨学生学习的作用。而学生充当的则是课堂活动的参与者和知识的建构者的角色。

2. 建构主义理论与翻转课堂的关系

建构主义理论是翻转课堂的重要理论，这主要在于以下两点：首先，在翻转课堂中，学生对新知识的学习，是在课前通过主动自主独立学习教学视频、资料、练习等学习资源完成的；课上，在教师的指导下，学生以小组为单位对于课前自学部分存有的疑惑进行探究和讨论，完成知识的内化，实现了对所学知识有意义的建构。其次，在翻转课堂教学过程中，学生为学习的主体，而教师则对学生的学习起到引导作用。这体现在教师对学生的学习不横加干涉：一方面，要为学生提供自主学习的素材；另一方面，教师要做好对学生学习过程的监督，关注每个学生的情况，对于学生遇到的问题给予个性化的提示和帮助，引导学生自己或与同伴讨论后将问题解决，主动完成对知识的构建。由此可见，建构主义理论的观点与翻转课堂的教学理念不谋而合，它们都重视教学中师生、生生间的相互合作，以学生为中心，教师引导学生通过自学的方式主动学习，从而完成对知识的构建。

（二）合作学习理论

1. 合作学习理论概述

20世纪70年代，合作学习在美国兴起。比起传统教学课堂的紧张氛围，合作学习的课堂氛围要更加轻松和舒适，学生学习的压力有所缓解，学习成绩也得到了明显的提高。合作学习也因此受到了教育界的广泛关注，当时人们称其为几十年来最成功的教学改革。中国于20世纪80年代末、90年代初将合作学习引进国内的教学中，也取得了良好的教学成效。

合作学习的具体内容就是将学生以某种标准合理分配成学习小组，为了达成某个学习目标，鼓励小组成员以合作的形式互相帮助，一起探索、讨论，最终达到学习目的。美国约翰斯·霍普金斯大学的罗伯特·斯莱文（Robert Slavin）教授认为，在特定的情境下，孩子之间的互动可以使他们更好地了解和掌握相关的概念。在合作学习中，每个学生都可以不受拘束地、自由地跟同伴讨论并提出想法，调动了他们学习的积极性，转变课堂压抑的氛围，使学习变成一件令人愉悦的事。合作学习不仅使学生在学习方面受益，在那样的学习环境下学生会变得更加善于耐心倾听他人意见、人际交往能力也会得到发展，同学间的感情也会愈加深厚。在合作学习中寻求帮助的同学不会感觉羞怯，提供帮助者也有了成就感，增加了学生学习的信心。

2. 合作学习理论与翻转课堂的关系

合作学习理论是翻转课堂模式的重要理论基础，具体表现如下：课前的合作学习发生在学生的自主学习之后，对于自主学习中存有的困惑，学生可通过QQ、微信等社交软件或者网络教学平台向老师和同学寻求帮助，大家协同配合，解决问题或展示成果。除此之外，学生也可分享自己的学习心得，同学间互相学习、取长补短。课上，学生以小组为单位，在老师的提示下互相帮助，共同攻克学习的难点，通过合作一起完成课堂教学任务并进行成果展示；课后，学生同样可通过网络平台对课上所学知识存在的疑惑共同进行探讨，通过合作的方式将其解决。

（三）情感过滤假说

1. 情感过滤假说概述

情感过滤假说（Affective Filter Hypothesis）是美国语言学家斯蒂芬·克拉申（Stephen Krashen）提出的，他认为在二语习得过程中，学习者的情绪在很大程度上会影响语言学习的效果。情感过滤假说中的情感因素包括以下三个方面：学习动机、学习自信和学习焦虑。而过滤指的是这三方面对学习起到的积极或消极作用。也就是说，如果二语学习者在学习时能保持较强的学习动机和饱满的自信，同时能够进行自我调节，缓解学习的焦虑情绪，那么说明"情感过滤"就属于积极范畴，有助于学生二语语言的学习。相反，如果学生在语言学习中学习动机不明确、缺乏自信心，并且总是处于高度焦虑的学习状态，那么"情感过滤"则属于消极范畴，将会对学生的学习造成阻碍。根据这一理论，教师应该意识到情感因素及其伴随的过滤处理，对学生语言习得起着关键的作用。因此，在外语教学过程中教师要从上述三个方面的情感因素入手：首先，帮助学生树立明确的学习目标以增强学习动机；其次，给予学习者赞扬和鼓励，增强其学习的自信心；最后，老师要注意营造良好的学习环境，对学生既要适当的施加压力促进学习，又要适当地放松，让学生不会感到过分焦虑，通过做到这些使学习者达到语言学习的最佳状态。

2. 情感过滤假说与翻转课堂的关系

这里主要以语法教学为例，具体阐述情感过滤假说理论与翻转课堂的关系。在传统课堂上，语法教学的程序是老师先在课堂讲授语法规则，学生边听边理解边记笔记，讲解过后教师再进行随堂的提问或练习。但对于初学者及接受理解能力较差的学生来说，常会出现因不能马上理解知识而跟不上课堂进度的情况，这时让学生回答问题或做练习，学生往往会感到紧张和焦虑而出现错误甚至回答不出问题。长此以往，学生语法学习的兴趣和信心就会下降，甚至产生焦虑和抵触的情绪。

翻转课堂模式在一定程度上可帮助学生打破上述困境。学生在课前就可提前学习新语法内容，根据自身的学习情况，可对学习材料进行反复学习，对于感到困惑的地方可及时通过平台与老师、同学交流，获得解释。这样在课前学生就对语法知识有了一定的掌握，在课上做到有备而来，有效地缓解了语法学习的焦虑情绪并能够更加自信地完成教师布置的任务，由此有了更好的学习表现，也就大大增强了学习动机，这与情感过滤假说从学习动机、自信和焦虑三方面优化学生的语言学习表现的要求完全相符。因此，情感过滤假说是翻转课堂模式的重要理论基础。

（四）自主学习理论

1. 自主学习理论概述

操作学派的学者伯尔赫斯·弗雷德里克·斯金纳（Burrhus Frederic Skinner）认为，自主学习的过程主要包含自我监控、自我指导、自我强化和自我评价四个子过程。简单来说，自主学习是指在教师的帮助下，学生能够自己积极、主动和有计划地学习。

2. 自主学习理论与翻转课堂的关系

在翻转课堂模式中，课前，学生可以利用学习材料独立学习，完成新知识的预习和自主学习。这个过程需要较强的自我监控能力，通过监督自己自律、主动地学习，所以，这个过程也是一个自我监控的过程。与此同时，学生要综合所有学习资源，理解知识，梳理总结疑难问题，指导自己去理解新知，所以，这个过程也是一个自我指导的过程。在课中，学生之间讨论交流，向老师求助解决疑难问题，再完成相应作业，可视为自我强化的过程，促进知识得到内化。而不管是在课堂内还是在课堂外，学生都要开动脑筋思考并反思自己所学的知识，衡量自己是否认真完成了每项学习任务，是否真正理解了每一个知识点，是否参与了学习交流与合作，从本质上来说这也是对自己学习的一种认知和评价。纵观整个翻转课堂，学生是学习的主体，教师作为辅助工作者发挥指导作用，将课堂学习的主动权归还给学生，自主学习贯穿于翻转课堂全过程。

四、翻转课堂模式的典型模型

翻转课堂一经产生就受到广大学者的关注，国内外很多学者都着眼于对翻转课堂模式进行设计与构建并尝试进行教学实践研究。以下是国内外出现时间较早、应用较广泛且有显著教学效果的翻转课堂模型，对于后人进行翻转课堂教学设计有着重要的借鉴意义。

（一）国外翻转课堂典型模型

国外典型的翻转课堂模型主要为罗伯特·陶伯特（Robert Tablert）的两阶段翻转课堂模型和杰姬·格斯丁（Jackie Gerstein）的环形翻转课堂模型，下面对这两个经典教学模式进行阐述。

1. 两阶段翻转课堂模型

两阶段翻转课堂模型是由美国计算机与数学学院的罗伯特·陶伯特教授设计出来的，这一模型的产生得益于罗伯特·陶伯特在其主讲的多门课程中不断地进行教学实践与探索。其模型如图 6-1 所示。

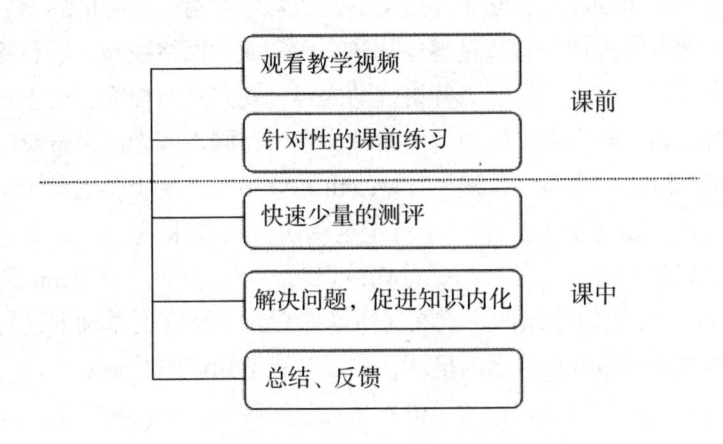

图 6-1 罗伯特·陶伯特的两阶段翻转模型

两阶段对应的就是开展翻转课堂教学的课前阶段和课中阶段。在课前阶段，教师按照教学目标与教学内容以及对学生学情的分析，借助了大量的科学技术设备，包括录频软件、反馈器、Google Docs、Camtasia Studio、视频网站 YouTube、在线协同办公软件、手写板等工具制作教学视频，通过让学生在课前以观看视频的方式学习新知识，同时完成配套的练习。在课中的教学活动中，教师通过小测试来检验学生课前学习的效果，之后教师对学生所遇到的问题以及重难点知识进行解释，这一步骤旨在促进知识的吸收和内化。最后一步则是教师对本节课的学习内容进行总结，对学生的表现进行评价反馈。此模型的教学过程简单，对于实操性较强的理科类学科要更加适用。

2. 环形翻转课堂模型

美国教育家杰姬·格斯丁指出，翻转课堂不是让学生把在家观看视频当作传统意义上的家庭作业，因为这样就将翻转课堂课上和课下两个学习阶段完全分割了，而是要让学生意识到真正的学习是一个一环紧扣一环的循环过程，学生作为这一过程的主体，能够把自身与课程内容以及学习环境结合起来。对于学习任务的安排上，他更重视生生间的协作以及学生自主意愿的选择，先进的信息技术、视频解说、网络资源等是他推崇的教学辅助手段。以上面的理念为基础，他架构出包括四个阶段并极具特色的环形翻转课堂模型。

其中，"体验参与"（Experiential Engagement）为第一阶段。这一阶段所要达成的目标是通过游戏、实验、小组项目等形式，鼓励学生投身于实际活动中，以此刺激学生的各种感官，使学生产生学习的兴趣。第二阶段的"概念探索"（Concept Exploration）是在学生经过第一阶段对学习有了充分的感知后开始的。在此阶段，学生的理性认知超过感性认知，在完成对网络视频、资料等形式的学习资源的学习后，学生对课程老师讲授的内容、观点进行探究，对于自学过程中产生的所有疑惑，学生都可以通过网络社交平台与同伴和老师进行及时交流，消除疑惑。第三阶段的"意义构建"（Meaning Making）基于学生对所学的概念有了一定程度的了解。杰姬·格斯丁对于这一阶段的要求是，学生要能积极地对前两个阶段的学习进行深度反思。第四阶段为"展示应用"（Demonstration and Application），学生以小组的形式在对所学知识充分理解的基础上进行再创造，通过不断的讨论和演练在课堂内呈现，实现对所学知识的升华。

以上两种国外的翻转课堂教学模式出现时间较早，但结构完善、特点突出。罗伯特的翻转课堂模式图构图简洁清晰，很容易理解，实施操作起来也比较简单。

但其局限性在于其更适用于理科类的学科，文科类学科想要应用此模式需要进行相应的改进和完善。杰姬·格斯丁提出的翻转课堂教学模型在内容上更加充实，每个阶段都衔接有序。其缺点在于：首先，因其内容丰富，操作起来也较为复杂，对学生的综合能力要求很高，更适用于高中以上自主学习以及自控能力较强，并能够灵活利用网络信息资源的学生；其次，此教学模型仅从学生的视角进行设计，对教师来说参考意义不大。

（二）国内翻转课堂典型模型

国内典型的翻转课堂模型主要有张金磊、王颖、张宝辉等人设计的适合中国本土的翻转课堂教学模型以及钟晓流的太极环式翻转课堂模型，以下对这两个经典教学模式进行阐述。

1. 张金磊等人的翻转课堂模型

张金磊、王颖、张宝辉等人以罗伯特·陶伯特教授构建的翻转课堂模型为基础，结合翻转课堂的内涵、建构主义学习理论以及系统化教学设计理论，构建出了适合中国本土学情的翻转课堂教学模型，如图6-2所示。

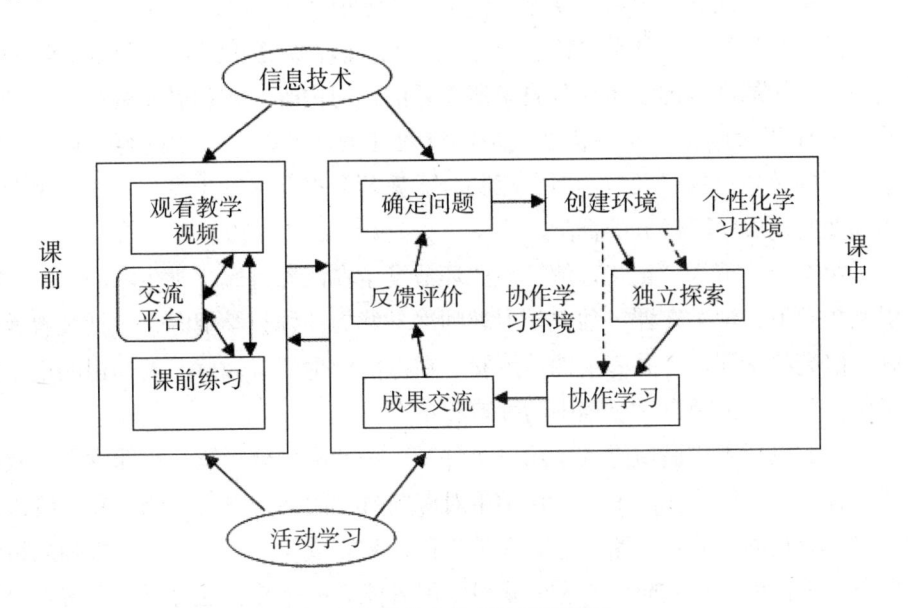

图6-2 张金磊等人的翻转课堂模型

该教学模型由衔接紧密的两部分构成，即课前学习和课中学习。课前是学生自主学习的阶段，学生要做的就是学习教学视频中讲授的新内容，再完成与之相关的课前练习。为了给自学期间的学生提供与老师和同学自由交流的便利条件，张金磊等人在罗伯特·陶伯特教授构建的翻转课堂模型的基础上引入了辅助学生自主学习的交流平台。在课堂教学中将检验学生课前自学效果的环节省略了，以解决学生在自主学习过程中存在的疑惑以及难点为教学重心。在教师创设的个性化学习环境里，学生对所学内容进行独立探索，之后再与伙伴们协作学习，在此环境中学生与教师和同学沟通交流，达成对问题的解决并将成果进行展示，实现对知识的充分掌握。最后一步则是教师对本节课的教学过程及学生表现进行评价，学生得到自己学习情况的反馈。

2. 太极环式翻转课堂模型

"太极"是我国独有的传统内容，受南京大学教授桑新民等学者提出的"太极学堂"学说的启发，清华大学电教中心副主任钟晓流率先将翻转课堂、太极学说以及美国心理学家本杰明·布鲁姆（Benjamin Bloom）的认知理论结合起来，构建出了具有中国传统特色的翻转课堂模型。

太极环式翻转课堂模型由教学准备、记忆理解、应用分析、综合评价四个环节共同构成，四部分都以"问题"为主要内容展开。

此模式从第一个环节"教学准备"开始，此环节发生在课外并以教师为主导。教师所要做的准备即学生课外自学所需要的学习内容，包括教学视频、教师教学所用 PPT 以及学生自学后需要完成的针对性测试。以上教学内容的设计必须与本节课的教学目标以及教学对象相契合。教师要提前向学生做好对学习平台的介绍和及时完成学习任务的提醒。

第二个环节为"记忆理解"，此环节发生在课外且属于学生活动。在教师的引领指导下，学生在课下独立学习教师准备好的各种教学资源，包括观看教学视频、研究教学课件，并完成课前测验。在课前学生就应做好对新知识的记忆理解工作，并详细记录自学过程中的疑惑和难点。

完成以上工作后就进入了第三个环节——"应用分析"。在课堂上，教师以试题释疑、小组合作的形式，让学生对课前自学的知识进行运用。在此阶段，教师要把课堂的主导权交给学生，在学生讨论和完成任务的过程中，教师只给予点拨而不是指挥。在此阶段注重的是对学习者能力的培养，通过引导学习者对知识进行运用，使其能进一步深化对知识的理解并内化。

第四个环节为"综合评价"，评价分为两种形式：一种是学生的自我评价，学生对自己课前的自学情况以及课上教学活动的参与情况进行评价总结；另一种是小组成员间的同伴互评，小组成员对合作中同伴的表现互相评价，每个人都能得到自己学习情况的客观反馈。通过自评和互评，学生对自己整个学习过程的表现有了进一步的了解，也培养了学生的创造力和反思能力。教师通过学生的表现，了解到自己在教学准备阶段以及在课上主持课堂阶段所出现的不足，在下一次的课程设计中进行改善。

以上两种教学模式是在国内得到较大肯定且讨论度较高的翻转课堂模式。张金磊等人提出的翻转式教学模型结构完善、可操作性强，适合在我国义务教育阶段实施。其不足之处在于：首先，在课中环节，设计的活动主要是围绕解决学生在课前自主学习中发现的问题，没能设计相应的环节让学生对新知识进行迁移和应用以达到深度吸收的目的；其次，缺少师生对于学习和教学的总结与反思的环节。钟晓流的太极环式翻转课堂模型改变了传统的线性教学模式，以一种环式的结构将翻转课堂的各个环节联结起来，使教学环节间的关系更加紧密。与此同时，教学过程都以问题为导向，通过师生、生生的互动交流，来达到对知识的掌握，形成师生间的知识环。此翻转课堂教学模型的缺点在于，研究者仅针对翻转课堂的理念层面进行探讨，没有将此模式实际应用于教学中进行验证，所以，其对课程的实际应用效果还有待进一步深入研究。

综上所述，这四种翻转课堂教学模型各有千秋、优缺点明显，但都突出了翻转课堂的灵魂之处，即要重点培养学生的自主学习能力、合作学习能力、发现问题及解决问题的能力、总结反思能力等综合能力。除此之外，还为学生提供个性化的学习空间、尊重学生的学习方式、有针对性地进行指导。所以，在教学实践中，可以在了解个翻转课堂教学模式优缺点的基础之上，针对本学科教学的特点，选择合适的教学模式进行应用。

五、翻转课堂模式的教学流程

翻转课堂模式是一种线上教学与线下教学相结合的教学模式。在课前环节，教师需要提前制作教学视频，设计课前自主学习任务清单并上传到教学平台，学生则根据教师发布的任务清单对教学视频进行自主学习；在课中环节，教师先解答学生在课前学习中遇到的问题，然后组织形式多样的课堂活动来完成课堂操练，学生分组学习，形成师生、生生互动，学生配合老师完成操练；在课后环节，教师对教学视频以及课堂活动的设置进行自我反思和总结，优化教学资源，学生对所学知识进行梳理的同时，及时向教师反馈，提出合理的建议。结合对翻转课堂模式的界定，可以设计出具体的翻转课堂模式流程图，具体内容如图6-3所示。

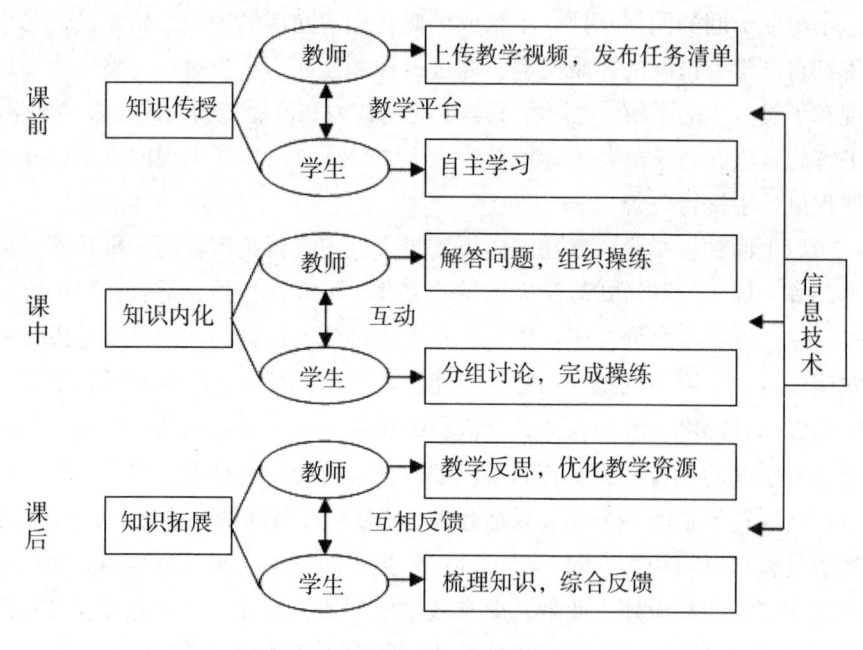

图 6-3　翻转课堂模式流程图

在当前社会形势下，大多数学校的翻转课堂模式的课中环节不得不由线下转到线上进行，这就形成了"课前录播异步自学＋在线直播同步操练＋课后师生共同反思"的教学结构。其变化主要体现在课中操练环节通过在线直播课的形式实现，师生、生生之间的互动探究都需要通过网络实现。

第二节　日语教学导入翻转课堂的意义

一、翻转课堂在日语教学中的应用优势

通过进班观察、问卷调查和访谈分析可以得知，在大学日语课程中运用翻转课堂模式，可以有效活跃课堂氛围，使学生更加自主、积极地参与到课堂活动中。学生的课堂参与度提高了，教学效果也就会有所提升。因此可以说，翻转课堂应用于大学日语课程的结果还是令人满意的。

与传统的以讲授法为主的课堂相比，学生在翻转课堂上，不论是学习兴趣、学习主动性、课堂参与度还是自我效能感都有提升，学生从被动接受知识到主动探究、合作解决问题和展示分享，从死记硬背课本知识点到在课上运用知识解决

实际问题，理论与实践有效结合，教师也从一言堂转换到引导者、辅助者的角色，师生关系融洽。通过翻转课堂模式的应用，学生和教师均获益良多，在一些高校应用翻转课堂模式所取得的成效也进一步说明了传统课堂改革的必要性。具体来讲，翻转课堂的优势有以下几点。

（一）知识点讲解可逆

在传统的日语课堂上，教师对知识点的讲解是不可逆的，教师要在同一时空内对知识点进行集中讲解。而学生由于性格、日语水平和学习策略等方面的差异，对同一知识点的理解和接受能力也不同，并非所有学生都能一直紧跟老师的节奏，这就容易造成学生学习步调不一的问题。而且教师也会出现偶然的口误或表达上的错误，如果不及时发现并更正，则会对学生造成一定影响，这也是不可逆的。在翻转课堂模式下，教师在录制课前视频的过程中会反复调整优化，展现最佳的教学内容；学生在自学的过程中也会根据自己的水平和知识点的难易程度调整学习进度，对教学视频进行反复学习，这相对提高了教学质量。

（二）学生学习态度：变被动为主动

应用翻转课堂之后，学生对日语的学习态度有较大变化。尽管学生在课前是按照老师的要求才自主预习资料（PPT和视频等），但这其实也帮助学生在课堂上拥有了更多的主动权。通过完成课前自测，学生也对自身存在的问题也有了更多的了解，先动脑思考，然后带着问题来上课，再通过教师组织的环环相扣的课堂活动和师生的共同帮助，学生在课堂上就能把问题解决，极大地调动了学生的学习兴趣与热情。这与人本主义强调的关注学生"自我实现"和"自我意志"的要求十分契合。团队合作的形式也给这个年龄段的学生提供了更多互相学习和交流分享的机会，与传统的教学模式相比，这种自主学习的好处和优势也就更显而易见了。

此外，在大学日语教学中应用翻转课堂模式，能够使学生真正地把学习的最终目的放在应用日语来解决实际工作中的问题上，而不是机械化地记忆一些单词、语法和句型。学生也在课堂中深刻体验到了日语作为沟通交流的工具，是可以用来解决问题的，从而学以致用。

（三）课堂参与度更高

翻转课堂应用过程中，学生在课堂中的参与度大幅提升。上课时不再是老师一直灌输知识，学生在讲台下听得昏昏欲睡。进行了课前自主预习的学生们都是带着问题来参与课堂教学的,都有备而来,每个人都有属于自己的问题有待在课上解决,所有的学生都是有自己的任务的。这就使得学生自发投入课堂中来,与同学和老师共同探究答案。课上也不再仅仅是那些更自信的或基础好的同学发言,而是组员之间的沟通更多,每个人的表现机会是均等的,课堂效率有很大提高。在完成小组任务过程中,不论是组与组之间还是小组内部,大部分同学都有比较强烈的责任感,也能够意识到彼此配合才能完成共同的目标。这种良好的互动也对营造良好的班级氛围和课堂气氛起到了积极作用。在课堂评价中,互评和他评等评价方式也有利于大家进一步了解彼此,明确课堂该有的标准。同时,老师作为课堂的引导者,在学生遇到问题求助时,要进行一对一答疑解惑,对小组进行适时指导,学生会更加信任老师,师生关系也更为融洽。教师也不必再每日绞尽脑汁推着学生学习,而是适度参与和指导,适当施压,把握好度,在课堂上让学生发挥更大的创造力,激发其潜能,营造出富有活力的课堂氛围。

(四)学生的学习成就感更强

在应用翻转课堂模式的大学日语教学实践中,大部分学生都认为自己比以前更加有成就感,原因在于学生不再是一味机械被动地听老师讲解,而是创造性地、积极地进行课堂活动,充分发挥了主观能动性。小组合作展示环节更是增加了学生的自我效能感。课前课中和课后,学生都是有自己的思考与付出,不再是等待别人给出的答案或结果。根据调查发现,基础薄弱的同学对翻转课堂模式的应用会感触更多,因为在翻转课堂上,无论多么基础性的问题,都会得到老师或同学及时的帮助和解决,更有助于自己提高与进步。

(五)学生实际运用日语的能力得到提升

大多数学生认为翻转课堂模式更有助于其日语口语能力的提升。课前学生通过自主预习初次感知本课重点,通过自测了解自身不足之后,在课堂活动中,学生通过参与小组合作与展示,整个过程都运用日语交流,用日语解决问题。在教师组织的紧凑活动中,学生的语言知识开始有机会不断内化。学生敢于开口说,大胆进行日语展示,口语能力就必然会提高。课堂上在创设的工作场景中,学生进行角色扮演,教师最大限度地给予学生表现自己的机会,学习与应用同时发生。课中和课后用日语有效沟通,学生的日语语言能力得到大幅度提升,这也有助于学生在未来的工作和生活中应用日语时更加得心应手。

（六）对教师的信息化教学能力有更高要求

随着网络技术的发展，线上授课的模式已成为大势所趋。翻转课堂与传统的教学模式的区别之一就是教师需要不断创新与实践，不断适应新时代下的新型课堂。教师必须努力学习有关翻转课堂教学的一切知识，不断提升自己的职业技能。新型的教学模式不仅要求教师具备扎实的专业知识，还要求教师必须掌握先进的教学手段，能够熟练运用各种信息化教学工具来因材施教，成为终身学习者，不断应对变化，将自身所学通过现代化的技术手段呈现给每一位学生。从课前小视频制作到熟练使用信息化教学平台，都需要教师在不断更新自己信息化教学能力的同时保持开放的心态，持续接纳吸收有利于自己职业发展的信息化技术，这也是对教师的新挑战。

二、日语教学导入翻转课堂的重要意义

如今，翻转课堂已被正式应用到高校的日语课堂教学中。经过一段时间的实践，可以发现大多数学生对日语学习的热情高涨，并产生了巨大的兴趣，这是一个良好的开端和发展。下面将对翻转课堂在大学日语课堂教学中的重要意义进行阐述。

（一）有利于促进教师角色的转变

在传统的日语课堂上，教师扮演的角色多为"知识的传授者"。而翻转课堂模式则促进了教师角色的转变，在课前环节，教师充当"任务发布者"的角色，将提前录制好的教学视频上传到教学平台，发布任务让学生进行异步自学；在课中环节，教师则充当"引导者"的角色，教师在课堂上引导学生对课前自学过程中所产生的问题进行探讨，并完成大量有效操练；在课后环节，教师充当"反思者"，根据学生的学习进度和反馈调整教学计划，进行自我反思，优化教学方案，从而发布新的教学任务。教师不仅转换了角色，而且贯彻了"以学生为中心"的教学理念，在一堂课中完成从"任务发布者"到"引导者"再到"反思者"的转变。

（二）有利于培养学生的自主学习能力和合作意识

在这一教学模式中，课前学生在信息技术环境支持下自主学习新知识，并完成对应导学案。学生可以在网络学习环境下自主、独立学习，在长期的坚持后有利于学生养成独立自主学习的良好习惯。尤其是在学校计算机室进行自主学习时，学生可以使用计算机接收学习资源并积极学习。学习的主动权掌控在学生自己手

中，并在每次课前自主学习完毕后，通过填写学生自主学习评价表进行自我评价并反思自己的不足。根据翻转课堂实施后的调查问卷结果可知，学生的自主学习能力显著增强，不再过于依赖教师。在课堂学习阶段，积分制和组长负责制有效地培养了学生的合作意识和团队精神。

（三）有利于提高学生的学习成绩和学习效率

传统教学模式下，教师讲、学生听，然后再完成练习并促进知识内化的基本教学流程，使学生处于学习的被动地位，只能从教师那里被动地接受知识。而在翻转课堂模式下，信息技术平台作为学生自主学习的知识传输媒介，获取的自主学习资源成为学生独立学习的辅助性工具，遇到疑难可以随时向同学和老师求助，学习具有针对性、自主性和互助性；并且在该教学模式下，把对应练习放在课堂实际环境中去完成，既提高了作业完成的有效性，促进知识的内化，又有利于教师及时发现问题，了解学生的学习状况，并针对性地进行指导。这在一定程度上提高了学生在单位时间内的学习效率。

第三节 翻转课堂模式应用于日语教学的实践

一、翻转课堂模式应用于日语教学的指导原则

（一）教学原则

1. 以学生为中心、以教师为主导的原则

李泉曾说："教学活动中如何处理教师和学生的关系，是全部教学活动中最基础、最重要的问题。"因此，处理好这一关系显得尤为重要。传统的教学观念以教师为中心，注重教师的教和知识的无效灌输，而不太关注学生的学。这一观念早已不适合当今时代的发展潮流，我们要明白，教是为学服务的，教所追求的目标和结果必然要由学体现出来。因为从教学过程上来分析，学生是学习的主体，是学习这一认识活动的真正承担者，教师只是学生学习过程中的"助体"，发挥的主要是辅助作用。所以，在教学活动中，师生关系的取向应是以学生为中心，以此来指导基于翻转课堂的日语教学设计和课堂教学。

从概念上来看，"以学生为中心"是指整个教学设计过程应立足学生、满足学生、适应学生的需要，全部教学活动应以学生的活动为中心，课堂上要调动学

生、依托学生，开展的教学活动要有利于学生的发展。"教师为主导"即在充分调动学生积极参与课堂活动、尊重学习者个体差异的同时，也要充分注意教师对学生的指导和对课堂活动的掌控。

在这一原则的指导下，在设计翻转课堂的教学活动时，首先要认识学生、了解学生，了解学生的性格、动机、心理特征，了解其认知策略。在制定教学目标时，要最大限度地考虑学生的需求、愿望和能力等因素，将学生最直接的学习需求贯彻到教学内容与任务中，形成强烈的内部动机，以更好地激发学生的学习兴趣。例如，课前视频录制的知识点和内容应该着眼于学生的认知水平和教学重点。其次，教学方式方法的确定、教学活动的组织安排应与学生的实际情况为主要依据，并让学生积极参与进来。无论是课前的自主学习还是课中的知识内化，都应该采用多种学生易于接受的方式，例如，面对简单词汇的学习，可以让学生充当自己的小老师。进行课中教学时，教师要精心组织语言交际活动，开展师生、生生之间的互动，在和谐、愉悦的氛围中完成教学任务。

2. 精讲多练的原则

日语教学作为第二语言教学，其性质主要为以培养学生的语言交际能力为目标，以语言技能训练为核心。这一性质决定了课堂教学的重点不在于传授多少语言知识，而在于技能训练及交际能力的培养。课堂上如何讲、如何练就成了教师课堂教学设计的核心，即在教学过程中需要正确处理好讲与练、知识与技能的关系。在处理这两对关系时，应遵循20世纪60年代初北京语言学院（现北京语言大学）教师总结出的"精讲多练"的课堂教学原则。

何为精讲多练？首先，"精讲"指的是教师在讲解时要提炼精华，要言简意赅、一针见血，要简明扼要、少而精，并且最重要的是讲解的内容要正确、简单、明了，不能讲错。体现在时间上则是要严格把控，在翻转课堂中，尤其要将"精讲"贯彻在课前的视频录制中，如果说话不利索、啰里啰唆，就不是精讲。其次，"多练"主要是指学习后的操练，这一环节主要由学习者来完成。但是这个"多练"不等于不问效果、机械地练习，不能为练而练。"练"应该有明确的目的和恰当的方法，要讲究质量和效果。例如，在翻转课堂的课中环节，教师要给学生提供各种各样的机会，使他们能够使用日语表达、述说各种各样的与日语学习有关的故事和观点。

在进行大学日语教学设计时充分贯彻精讲多练的原则，课前的视频录制避免该讲的不讲、以词释词和大量使用语法、术语等问题，同时也要规避对所讲的知识点力求讲全讲细而不管效果和质量的做法。另外，也要调动学生的积极性、主动性，引导学生去探索、去发现，不要把所讲的知识都讲全、讲透，要留有余地，即讲的时候要注意点拨、引导，在"导"上下功夫。在课中进行知识内化时，要善于运用各种不同的教学工具，运用现代化教学手段创造语言环境，帮助学生理解和记忆，同时启发学生思考和回忆。课文讲解的后期不逐句串讲课文，而是让学习者主动讲，根据问题展开讨论，教师在学生讲的过程中点拨、归纳、总结，在此基础上再进一步练习，即在用的过程中学习。课后的"练"同样是经过设计的练，是一种有目的、有组织的练，要注重练的数量和质量。

总之，基于精讲多练的原则进行翻转课堂的教学设计，就要多注重实践、多设计活动、多进行练习，体现在练中学。只有做到讲练结合、讲中有练、练中有讲，才能达到良好的效果，才能进一步提高学生的语言运用能力。

3. 实践与交际相结合的原则

交际作为语言学习的最终目的，在教学中也要充分体现。交际性原则既是语言教学手段同样也作为标准检验教学效果。大学日语教学要求教师在课程设计、课堂教学中要充分体现交际意识，以培养学生的交际能力为目标，在教学设计的各个环节体现交际互动。

翻转课堂较传统课堂而言为学生交际能力的培养提供了更多的方式，包括课中不同形式的操练、学生之间的交流互动、真实交际场景的构建以及相关话题的讨论。这些不同形式的活动从不同角度培养学生的交际意识和交际能力，使课堂围绕实践性和交际性进行。

4. 循序渐进、螺旋式提高的原则

这一原则主要体现在对教学内容特别是练习内容的安排上。语言教学，不论是结构、功能还是文化，都要遵循由易到难、由远及近、由具象到抽象、先简后繁、先一般后特殊、循序渐进的原则，便于学生学习。由于语言知识和技能的掌握不可能一次完成，课堂教学中应秉承循环往复、加强重现、以旧引新、逐步深化、螺旋式提高的原则。课前，学生在学习完视频以后，教师要设计相应的练习检测学生的学习情况，这时候的练习应重点突出对新知识点的基本理解上，如识记生词、理解和简单运用语言知识点等。在课堂中，教师根据学生课前掌握的情况，按照逐步深化、螺旋式提高的原则设计练习。

（二）学习原则

"教学"是老师"教"和学生"学"的结合，在进行日语教学设计时，除了要遵循教师教的指导原则外，还要预设并引导学生的学习原则。学习原则是学习活动的指导思想，它来源于学习实践，又反作用于实践，对学习实践具有重大指导意义。根据翻转课堂的特点和教学目标，在进行日语教学设计时要遵循以下几个有关学生的学习原则。

1. 自主学习原则

自主学习，顾名思义就是在学习过程中根据自己的需要和情况，主动去掌握所学的内容，并且可以自己掌控学习的进度。这一原则主要在课前学习微视频时体现。老师把录制好的学习视频提前发送给学生，从学习环境来看，此时学生是在独立的环境中自由地学习，没有教师督促的压力，也没有外部因素的干扰。学生学习的速度和程度完全由自己掌控，根据自身对知识点的实际掌握情况自主安排学习进度，理解了的内容可以快进跳过，没懂的部分可以倒退和反复观看，也可以停下来仔细思考或记笔记。另外，也可以按照符合自己认知风格的学习方法进行学习。

引导学生遵循自主学习原则，要求学生在学习过程中必须端正学习态度，明确学习目标，在日语学习过程中发挥积极性和主动性。这样才能真正实现按学生自己的步骤学习，使其自觉地掌握知识和技能，从而增强学习效果。

2. 合作学习原则

所谓合作学习，即在学习过程中通过互助、交流、沟通、协作等方式，使学习者之间产生思想碰撞和智慧交流，从而共同完成对所学知识的意义建构。合作学习也是建构主义学习理论的一种体现。

遵循学生自主学习的原则并不代表否认学生的合作学习，学生的自主学习不是孤立的、与世隔绝的，而是建立在合作学习的基础上。因为学生通过自主学习所习得的知识可能是肤浅的、不全面的甚至是有误的，合作学习则通过与他人协作与讨论加深对概念的理解，加强对技能的掌握。但我们倡导的这种合作学习不仅是指学生之间，也包括师生之间的合作。

大学日语教学不仅是一个认知的过程，同时也是师生之间、生生之间的合作交流过程，合作学习有利于实现优势互补。基于翻转课堂的大学日语教学存在于信息化教学中，课堂上的知识内化过程通常以小组或其他协作形式展开。在学习过程中，每个学习者都扮演一定的角色，承担一定的任务，学习者之间通过相互合作，能够共享他人的知识和经验，进而共同实现学习目标。因此，在这一原则指导下，设计学生学习语言的环节时，可以在每个小组中布置一些讨论话题，大家经过讨论进行选择性商议。思维活跃的学生可以阐述自己的意见，而不爱发言的，在小范围内也要给他们提供表现的空间，在大家的充分参与下，对词汇、课文以及语言知识深入理解和习得，然后把所习得的结果展示给全班同学。

3. 探究学习原则

所谓"探究"是指学生在学习过程中要善于发现问题、思考问题，在思考和研究的基础上去解决问题。在进行大学日语教学设计时，同样需要遵循探究性学习原则。首先，在课前的自主学习过程中，引导学生看完教学视频后，自己先去总结和理解知识，对于不理解的部分不急于向老师和同学求助，而是尝试自己去解决，同时要善于发现视频学习中的问题。教师在课堂教学中要为学生的探究学习创设问题情境，激发学生学习兴趣，引导学生有目的、积极主动地去探究。同时，在探究的过程中要给予及时的方法指导，要善于打开学生思路、启迪思维，使学生获得充分的动手、动脑、动口机会，使学生的主动性、创造性和学习潜能得以充分发挥。

另外，基于学生探究性学习原则进行课堂教学设计时应适当地设计开放式问题，鼓励学生用多种方式解决问题，从而培养学生语言思维的创造性。这样才能推动学生主动地、创造性地去学习和运用语言。

二、翻转课堂模式应用于日语教学的活动设计

（一）教师活动设计

1. 课前准备

首先，分析确定这一单元的教学目标和学习目标。目标是教师应该知道学生要学什么、学完之后能够做什么、能够达到什么而制定的计划。在课程结束时，对学生的评估必须让每个学生都清楚自己对目标的达成程度。教师面对学生要有针对性地设计教学活动，有些简单易懂的内容可以让学生利用教科书和课件自主学习；有些内容就需要教师进行引导式教学，明确教学目标，避免教学中的盲目性和无目的性。

其次，是在课前教师制作教学视频。经过教师团队讨论研究，制定教学目标和学习目标，然后由教师代表制作教学视频。在制作视频过程中应考虑学生具体情况，如有的学生自主学习能力强，有的学生理解能力强，学生水平参差不齐等情况。应根据学生情况制作适合学生观看的视频。在制作内容方面也要多花心思，尽量使视频丰富有趣，吸引学生的注意力，提高学生的观看兴趣。

2.课中教学活动设计

学生在观看视频的过程中，由于自身学习能力及理解能力、看问题的角度不同等原因，对事物的理解必定存在偏差，在学生之间必定会产生一定程度的不平衡。教师在上课后需要针对学生所观看视频的情况对学生提出的问题进行解疑。上课后，首先，进行单元小测验，如利用单词及个别语法造句，用于检测学生自主学习效果。其次，以小组为单位交流自己对知识的理解。这时教师并不是站在讲台上看学生互相讨论，而是走下讲台，加入学生的探讨中，与学生一起讨论，当学生遇到问题，可以及时给予帮助。最后，小组确定问题、提出问题，与教师、同学共同探讨，从而解决问题。

3.课后反思、评价

评价的一个重要原则是，评价必须与目标紧密联系。学生学到了教师教授的部分内容，教授内容和测验的内容之间的重叠越大，学生在测验中的分数就越高，教师越能够准确地确定是否需要进行额外的教学。课后根据课堂提出的问题，学生之间探讨的结果，教师制作单元测试内容，要求学生在课下完成本单元内容测试卷，及时了解学生对知识的掌握程度，帮助教师和学生了解整体自学效果。

（二）学生活动设计

1.课前准备

首先，下载教师发布的教学视频及课件文档，观看教学视频，提前学习。学生学习时可根据自身情况有节奏地学习，理解能力强的学生可以看一遍教学视频；理解能力差的学生可以随时暂停教学视频或者反复观看。在观看过程中学生如果遇到不懂的地方可以随时暂停做笔记，并把不懂的问题及时记下来；然后与小组成员讨论，互相解决自己在观看过程中遇到的问题，最后以小组为单位确定问题。

2.课中学习

团队学习、合作学习效率比个人学习效率要高50%，这是教育心理学家埃德加·戴尔（Edgar Dale）通过自己的实验证明过的。学生在课前独立探索学习阶段，已建立了自己的知识体系，并与小组成员经过合作交流互相指出自己对知识的理解，以组为单位向教师提出问题，组与组之间相互讨论相互学习，及时向走在学生中间的教师提问，得到解答，再与小组成员一起确定问题，提出问题与别组成员和教师进行探讨。

3. 课后反思、评价

对学生进行评价的重要功能之一，就是给教师提供教学的有效性反馈。如果教师不知道学生是否掌握了教学的重点，那么这些教师也不能被认为是合格的。课堂中的提问、对学生的学习进行观察，这些都能给教师提供关于学生学习情况的信息。在日语教学中，为了获得有关学生进步情况的更为详细的信息，进行简短的、经常性的小测验和写作活动，搜集学生有关活动结果的证据，这些都是非常必要的。评价也可以用于指导整体的教学改革。课后学生要完成教师发放的本单元内容测试卷，检测学习效果，及时发现自己对知识的掌握程度，发现疑问并及时反馈给教师，帮助教师发现问题。

三、翻转课堂模式应用于日语教学实践的启示

翻转课堂下的学生与传统教学模式相比，虽然在自主学习、合作学习、交流讨论、提出问题等学习行为方面有了明显的优势，但仍然还有一些有待改进的地方，因此，针对这些问题，寻找一些有针对性的策略，从而进一步把学生在翻转课堂下的学习行为做到优化是很有必要的。

（一）国家和社会层面

翻转课堂等新技术和新方法是在技术不断发展和学生需求不断增强的共同推动下形成的，但是一项新技术在教育领域的不断更新和发展，除了自身的特点和优势以外，也需要政府部门甚至国家层面的政策扶持，只有这样才能让学生受益更多。

1. 增加政府干预，强化资源共享

翻转课堂需要学生课前进行视频等各类资源的学习，所以学习资源的质量是影响学习效果的重要因素，选择和制作合理的、优质的课前学习资源成为任课教师的重要任务。很多学习资源丰富的高水平名校，他们开发的平台和资源往往只供本省的少数学校使用，别的学校和教师是没有使用和阅读权限的，这很大程度上限制了翻转课堂教学的发展。如果教师要重新设计和开发新的课程资源，首先对教师的水平是极大的考验，其次需要耗费大量的时间去设计和录制课程，这是一个漫长且复杂的过程，且最后的课程效果还不一定尽如人意。所以，如果教育部门可以制定相应的政策，加强高校间的资源共享，这将给翻转课堂等各类新技术、新模式的应用提供极大的便利和发展空间。

2. 搭建教学平台，加强资源建设

便利条件对使用意愿的影响作用是十分显著的。便利条件当中除了教师和学生自身因素之外，教育部门应充分认识到新形势下教育平台和资源的重要性。尤其是网络上的资源虽然很多，但是在内容的有效性和真实性方面确实参差不齐。有很多教学资源在某些大型的教育平台上收录和上传得较少，而有的平台上的资源跟实际是有出入的，甚至是错误的。所以，教育部门应加大对教育教学平台的搭建，并不断进行完善和更新，保证国内各类水平的高校都能享受到更优质的资源和教学平台环境。

（二）学校层面

1. 提供提升教师综合能力的培训

翻转课堂对教师各方面能力的要求要更高，所以学校应该提供相应的培训机会，提升教师能力。首先是对日语教师专业能力的培养。熟练掌握本学科知识本来就是对教师职业的硬性要求，而在翻转课堂教学模式中更要求日语教师在领会知识特点的基础上，再根据日语课程目标需要以及学生的特点灵活开发课程活动。其次是对日语教师信息化能力的培养，教师要能够熟悉各种信息技术，掌握前端的多媒体教学工具以及教学平台，如此才能做好翻转课堂课前录制教学视频、搜集教学资源等准备工作。基于以上两点，学校需要定期对日语专业教师进行培训，如此才能够使教师具备实施好翻转课堂教学的能力。

2. 提供信息技术上的支持

翻转课堂无论是课前还是课中都依赖于网络信息技术和设备的使用。现阶段除了少数偏远贫困地区，大多数学校都能实现在教室配备能够连接电脑的多媒体设备。但是对于翻转课堂而言，除了课上学习，课前的学习也占有重要地位。如果学校能够建立专有的电脑房，集中让学生进行课前的自主学习，一方面方便教师进行监管，另一方面也减少了家长监督孩子学习的压力，学生自主学习的效率也会大大提升，达到最佳学习状态。

3. 加强理论宣传，深化师生认知

加强对翻转课堂相关理论的宣传，有利于加深教师和学生对翻转课堂相关理念的了解，促进翻转课堂在大学日语教学中的有效实施。首先，教师对翻转课堂的观念进行学习，了解翻转课堂实施的相关教学设计，为翻转课堂教学模式在日

语教学中的实践积累经验。其次，教师在实施教学前也应对学生介绍翻转课堂教学模式，增强学生好奇心，给予学生心理准备。同时加强师生对翻转课堂的双向交流，有助于翻转课堂实施后得到更全面的教学反馈。

（三）教学层面

1. 完善日语教学内容

（1）视频内容的录制应满足科学性、基础性、整体性和可听性要求

视频学习是翻转课堂模式的一个标志性特色，视频是翻转课堂教学的一个重要组成部分，可想而知在这一教学过程中它的重要性。很多时候视频的质量影响着学生的学习效果。因此，在进行日语翻转课堂教学时，课前视频的录制和选取都应满足科学性、基础性、整体性和可听性这四个要求。

所谓科学性，是针对知识的正确与否来说的。教师在录制知识点视频或者选择相关视频资源时，要求视频中无知识性错误，摒弃不准确的概念解析、不恰当的举例、不规范的日语书写等，这是课前学习视频的底线性要求。

基础性就是说教师在录制视频的过程中，要抓住"知识点"这一最基础的部分，把该讲的问题讲好，而不是试图去解决学生的全部问题，因为视频学习只是翻转课堂教学的一部分，而不是全部，有些问题可以留在课中或者课下由学生去探究、去解决。

整体性是从视频效果和技术方面来说的，即视频的录制效果必须好，因为视频效果是对课前视频学习的整体判断，各方面要有利于学生。一个优质的视频应该是无杂音和其他干扰的，教师在录制教学视频时要注意避免外界声音、图像等因素的干扰，对录制好的视频可做一些后期加工，以免因为这些技术细节影响学生的学习效果。

可听性是指视频内容的讲解要清晰、生动、有条不紊，因为教师的讲解是视频学习中非常重要的因素。这就要求教师在讲解知识点时做到富有逻辑、条理清晰，同时还要做到亲切，体现出教师是学生身边贴心的指导者和帮助者。

（2）翻转课堂教学内容的选取应以学生为中心

翻转课堂作为一种先学后教的教学模式，将知识点的讲解移到课前是其特征所在，即对教学内容进行翻转。但是在日语教学中，并不是所有的内容都适合翻转，这就要求教师在进行翻转课堂教学之前，根据所教的内容、课型特点、教学对象、教学目标等多种因素选择适合翻转的内容，预设翻转前和翻转后哪种效果会更好。因为有些内容如果翻转得不好，或者不适合进行翻转而勉强翻转，就会

适得其反，不能为了翻转而翻转。正如《翻转你的学习》中所说的，翻转课堂的实质不是如何使用微视频，不一定要将所有知识点的讲解都移到课前视频上来完成，可将知识点通过视频的方式提前发送给学生，让学生提前完成，是为了给课堂教学腾出更多操练的时间。如何最好地使用课堂学习时间，进而创造一个以学生为中心的教学环境，让学生更为主动地参与到学习过程中来，让教学围绕着学生的学来展开，这应该才是翻转课堂首要考虑的。

因此，在实施翻转课堂的教学时，翻转内容的选取要以学生为中心，思考所翻转的内容是否能够调动学生学习的积极性，是否实施了以学生为主体的教与学，内容翻转后是否有效激发了学生的学习潜能。

2. 优化日语教学评价体系

每一个学生都是发展中的个体，大学生的日语学习兴趣、日语素养等都存在很大的差异，教师不能用片面的眼光去对待学生，而应该用全面的眼光去对待学生，正确认识学生之间的差异，对此实施教学评价应做到多元化与个性化相结合，挖掘学生潜能。首先，将过程性评价与终结性评价相结合，给予学生不同阶段的评价。可以是一节课、一个单元等，关注学生不同时期的学习情况，给予及时的帮助，激励学生进步。在期末以汇报演讲的方式对学生进行总体评价，锻炼学生的综合能力，提升学生日语学习成就感。其次，采用自评、互评，在评价自己和他人的过程中逐步提高日语学习能力，同时发现自己的长处与不足，学习别人的优点。最后，尊重个体差异，实施个性化评价，尊重学生自身的日语学习条件、兴趣爱好，关注学生的发展和进步，激发学生学习日语的动力和潜能。

（四）教师层面

1. 提高专业素质，增强教学效果

首先，翻转课堂具有线上学习与线下学习相结合的特点，这就要对教师的信息素养和课堂管理能力提出了更高的要求。教师要对广泛了解各种线上网络平台，获取优质的教学资源，并能就大学日语教学以及本年级学生的特点选择最适合学生的网络平台。其次，教师要多学习使用各种录屏、剪辑等方面的软件以便能够熟练做出课程需要的高质量日语微课视频。最后，教师要对大学日语教学的特点、教学目标以及教学对象进行深入研究，有针对性地设计出在保证知识点无遗漏的情况下又能兼具趣味性的微课和自主学习任务单。

此外，对于课上活动教师也要多多学习多样化的教学活动，认真思考设计与日语课相应的教学活动，使学生能够最大化地参与课堂，主动地学习和应用日语。

教师只有不断地提高自身的专业素质，才能保证大学日语翻转课堂的教学效果。

2. 注重提升自身的课堂管理能力

翻转课堂教学整体包括课前教学与课上教学两大部分。首先，就课前的日语学习而言，教师要监管好学生的自主学习和讨论，自学对学生需要一定的自制力，特别是对于学习语法这一相对枯燥的知识项目时，有些同学很可能会在线上学习阶段做与学习不相关的事，或在微信群内出现闲聊的情况，这都会造成学习时间的浪费。因此，教师在此阶段需要做好提醒和监督的工作。其次，在日语课程的展示和合作讨论阶段，更考验教师掌控课堂的能力。教师在组织各种课堂活动的同时也要防止课堂秩序混乱，深入观察学生是否有摸鱼、溜号的情况并及时提醒。综上所述，相比于传统课堂，翻转课堂需要教师具有更高的课堂管理能力，如此才能获得理想的日语教学效果。

3. 提升教师各方面的能力

（1）提高运用现代教学技术的能力

随着现代技术的发展，课堂教学不再局限于实体教室、黑板等传统手段，信息网络时代使教学方式日益多媒体化和技术化。特别是疫情这一社会背景进一步加快了越来越多线上教学平台的问世，有效运用现代信息技术和相关的教学软件，也是实施翻转课堂线上教学的前提和基础。为了更好地开展翻转课堂，日语教师要具备一些技术素养，提高运用现代教学技术的能力，如剪辑视频的技术。教师可以通过这一技术剪辑自己录制的视频，也可以从各个视频中选取自认为可用和适合学生的一小节，将它们混剪成一个完整的学习视频，从而丰富学生的课前学习资源，让资源更具有针对性。再比如，利用现代信息技术制作优美的幻灯片，制作一些动画效果，将图、文、音、形巧妙地融合在一起，增加教学内容的形象性和生动性，调动学生多种感官对知识进行感知，激发学习兴趣，提高教学效果。另外，还要熟悉各种教学软件和教学平台的操作流程和教学功能，特别是当今技术产品更新换代快，教师更加需要不断地学习和提高。

举例来讲，在新冠肺炎疫情严重的时候，线下教学无法进行，很多学校只好开展线上教学。而那时一些线上教学平台刚出来不久，很多教师还没来得及学习和熟练操作，教学时间又紧迫，有一位教师也只能新手上路了，结果由于不熟悉操作流程和相关功能，整堂课几乎都是教师在摸索操作，课堂一片混乱，学习任务没法完成，同时也浪费了学生宝贵的学习时间。因此，提高运用现代教学技术的能力，能够保证线上课堂的顺利进行。

（2）提升设计问题的能力

课前的测验或练习、课中的讨论或操练、课后的作业习题都需要教师设计好相关的问题，特别是对翻转课堂而言，课前的练习或测验是检测学生课前自主学习情况的重要依据，对其问题的设计就显得尤为重要。但这些问题不是老师随机想出来的，而是根据教学内容、学生的实际情况以及班级特点设计的。

第一，教师在设计问题时，应该按照由易到难、由简单到复杂的层级来设计，使这些问题能够形成思维链，环环相扣，引导学生拾级而上。同时，设计的问题需要有一定的坡度，避免过于简单，避免设计一些学生不加思考就能马上回答的问题。

第二，语言教学的最终目标是能够运用所学的知识，正确、得体地在现实生活中进行交际。基于这一点，教师应该设计多一些应用性问题。这类问题通常没有标准答案，更多的是要求学生通过积极思维，将课文中学到的词句迁移到新的情境中，这一过程也能够激发学生的主动性和创造性。

第三，教师在设计问题时要有预设性，当一个问题设计好后，教师应该做到心中有数，知道该怎样回答，或者有哪几种答法，学生又可能会做出哪几种可能性的回答，然后针对学生的回答予以正确的引导，最终才能够真正体现这些问题的价值。

（3）提升合理分配教学时间的能力

时间管理对教师来说是一项复杂的工作。教师在课堂上教授知识的过程中，会出现时间不够用，或者提前讲完教学内容的情况，这都说明预计教学时间和实际教学时间有一定差异，这就需要教师重新审视自己的教学时间是否合理分配及利用，从而提高合理分配教学时间的能力，这对提高教学效率和效果非常重要。

实施大学日语翻转课堂教学，同样要求教师对教学过程中的每个环节都有较强的把握和控制能力。这一能力体现在教师是否能够在有限的时间内圆满完成本节课的教学任务，即教师对课堂进度和教学节奏的把控程度，其中，时间把控是关键。因此，教师需要结合自身的时间安排合理分配每个课时、每个教学视频的时间，合理规划好课时之间、教学内容之间的时间比例，合理地分配不同教学环节的时间，并使各个教学环节环环相扣，如此才不会造成课时之间教学任务和教学活动时间的失衡。

总之，教师要对一堂课的整体教学时间分配情况做到心中有数，要依据教学内容和教学活动的实际需要对教学时间做出合理规划，不断提高合理分配教学时间的能力。

4. 做好家校联合

对于翻转课堂来说，课前的自主学习是决定翻转课堂成功与否的重要一环。而在自主学习阶段要求学生必须使用手机、电脑等智能设备登录网络教学平台获取学习资源。但家长可能反对这种孩子独自使用电子设备学习的方式。所以在使用这种教学模式前，任课教师要与家长提前做好沟通，向家长详细说明翻转课堂的教学流程以及优势，让家长知道使用智能设备对于实施翻转课堂模式的必要性，获取家长的理解、打消其顾虑，并使其能够在课前协助老师监督孩子进行自主学习，通过家校联合共同收获好的学习效果。

（五）学生层面

1. 养成良好的学习习惯

与传统课堂相比，翻转课堂对学生的自主学习能力、合作能力、反思能力等提出了更高的要求。所以，学生在学习期间应该严格要求自己，不仅能够通过这种模式提高成绩，更能形成良好的学习习惯，使自身各个方面的能力都能有所提升。课前学生在自主学习时要养成一心一意的学习习惯，绝对不可以中途退出学习平台。在合作学习中也要养成积极发言、有自己想法的习惯，勇于提出自己对日语知识的理解以及日语学习的心得体会，不能只在小组内被动地跟随他人的想法或人云亦云，注意对主动思考和反思习惯的养成。日语词汇、语法等方面的知识琐碎繁多，所以在课后，学生也要养成及时进行反思总结的习惯。这既是对所学知识的巩固，又能对此前学习过程中的不足进行改正。

2. 明确自身的学习主体角色

传统日语教学模式下，教师是课堂的主角和权威，而学生只能扮演被动接受日语知识的角色。这种教学方式就是学生课堂参与度低、对日语学习兴趣低下的主要原因。翻转课堂模式实现了对传统课堂中教师和学生角色的转变。学生知道自己作为课堂的主人以及学习的主体，要利用好课堂提供的机会，积极主动地展示自己、表现自己，主动地去学习理解。但在这种全新的教学模式下，学生不能盲目地自我学习，而要认真倾听老师给予的指导和建议，积极配合教师，形成正确的学习思路，以期达到最好的日语学习效果。

第七章　日语人才培养与教师专业发展

在大学日语教学发展过程中，应重视日语人才的培养以及日语教师的专业发展，在深入分析相关理论及策略的基础上，推动教师专业发展水平和人才培养效果的提升，真正实现日语学科的内涵式发展。本章分为现代日语人才的培养、现代日语教师的专业发展、现代日语教学的发展策略三部分，主要包括现代日语人才培养的常见模式、现代日语人才培养模式的优化策略、教师专业发展概述、转变大学日语教学观念等内容。

第一节　现代日语人才的培养

一、现代日语人才培养的常见模式

现阶段，高校开始构建新的日语人才培养模式，以适应时代发展的需要。从目前的情况来看，主要有两种人才培养模式：一种是既精通日语，又有广泛知识的复合型人才培养模式，一种是"跨文化交际能力"人才培养模式。

（一）复合型人才培养模式

目前，复合型日语人才培养模式主要有以下几种类型。

1."日语+专业教育"的交叉融合型

在"日语+专业教育"的交叉融合型人才培养模式下，学生既要学习基本的日语知识，又要学习一门专业知识。例如，大连外国语大学日本语学院分别开设了日语国际贸易专业、科技日语专业、日语旅游管理专业、日语导游专业，上海外国语大学日本文化经济学院开设了国际经济与贸易专业。

2.日英等双语型

在日英等双语型人才培养模式下，学生要学习两种外语。例如，在原有的日语语言文学专业和日语经济贸易专业之外，上海外国语大学日本文化经济学院增设了日英双语专业。从2001年开始，南京师范大学开设了日英双语专业，学制为5年。学生在毕业的时候可以获得两本证书，即日语本科证书和英语专科证书。

3. "英语+日语+汉语+韩语"型

该模式有着独特的地理优势。例如，为了满足跨国公司对外语人才的需要，延边大学提出了以朝鲜语为第一母语、以汉语为第二母语、以日语为专业、以英语为第二外语的四语种培养模式。

（二）跨文化交际能力培养模式

尽管很多高校在教学实践中大力推行复合型人才培养模式，但是有的学者也提出了他们的不同看法。有的学者认为，"日语+专业教育"的交叉融合型人才培养模式不仅没有达到掌握专业知识的目的，反而占据了有限的学时，对日语教学产生了一定的影响。有的学者认为，"双语型"人才培养模式将教学的重点放在如何培养和训练学生的两种语言能力上，而在语言之外知识的获取，特别是获取知识的方法和创新能力的培养方面略显不足，因此，学生往往表现出知识面过窄、缺乏思辨能力等问题。据此他们提出，使学生具有丰富的基础知识、较强的实践能力，能够用日语进行跨文化交际是日语专业教育的首要任务，即提倡应用跨文化交际能力培养模式。

二、现代日语人才培养模式的优化策略

日语人才培养模式的优化与改革是一项系统工程，由于社会不断发展，对日语人才的需求也会随着社会发展不断变化。在新的时代背景下，结合市场经济和社会发展对日语人才的需求，主要从学校、企业两个方面提出优化对策。

（一）学校方面：深化教学改革，优化人才培养模式

学校是日语人才培养模式的主要实施场所，学校的师资力量、课程设置、教材选用等情况都会影响人才培养的质量。为提高日语人才培养质量，学校应做好以下几方面的优化工作。

1. 转变教育观念，准确定位人才培养目标

人才培养目标是指受教育者在经过有计划的教育与培训活动后能够达到教育主体所规定的标准与要求。人才培养目标是人才培养的出发点，合理定位人才培养目标是有效开展人才培养模式改革的重要基础和核心部分。关于日语人才培养目标的制定，必须在分析经济和社会发展情况的基础之上制定出符合时代发展对

人才需求的人才培养目标,并结合课程设置、师资队伍、教材选用以及人才培养评价等进行综合完善。

总的来讲,人才培养目标是人才培养的风向标和指挥棒,人才培养目标在人才培养过程中发挥着重要的引导作用。人才培养目标是教学目标形成的依据,教师在进行一切教学活动时都要依照教学目标。因此,教师必须深入了解人才培养目标,自觉遵循高等教育规律,形成正确的教学观,如此才能有计划、有目的地参与到教学过程中。

第一,高校应根据国家已出台的相关教育方针和政策,结合人才市场需求及学生特点,以市场需求为导向,积极参与市场调研,了解日语人才需求现状,根据人才需求及时调整与重新制定符合职业教育特点的培养目标。

第二,根据能力本位教育理论,加强实践教学就要以培养学生的实践能力为目标。教师要结合大学生特点,合理制定教学目标,在教学过程中不仅要注重培养学生的综合素质,还要不断提升学生的语言技能。

第三,在人才培养目标上还要开设相关的选修课来拓宽学生的兴趣与辅助专业的发展,同时根据某项卓越的专业技能立足职场,在具备相关基础专业知识的条件下,在实践岗位上继续深入学习夯实技能,优化人才培养路径,提高学生的就业质量,避免大而够不着、空而无实质的培养目标,导致大学生没有职场竞争力。

2. 合理开发选用教材,提高教材利用率

教材是知识传播最系统且有效的载体。针对部分大学日语教材缺乏、教材内容陈旧无法满足师生教学需求等问题,行之有效的办法就是从学校内部开始改善。

(1)组建教材编写团队,全力解决教材问题

教材是开展教学活动的重要依据。首先,大学日语教师可以通过外语教学研究会等交流平台统筹资源,组建起教材编写团队,以申报大学日语教材编写项目的方式来编写校本教材,以解决大学日语教材匮乏的问题。

其次,在编写教材时要结合时代发展对日语人才的需求和学生自身发展需要,编写符合大学阶段的基础性专业教材。建议在编写过程中尝试遵循"产出导向法"(Production-Oriented Approach,POA)理论。该理论以克服传统日语教学中"学用分离"的弊端为导向,强调学以致用,从而增强学生的语言产出能力,这样可以提高日语教材的实用性。

最后,简化教材审批流程,让校本教材落地实施。向教育主管部门申请审批简化教材申报手续,并尽快成立教材专家评审小组,邀请相关外籍语言研究学者

共同研讨、确立与规范大学日语教材的选用标准。在此基础上可以适当依据时代发展需求和校本特色有针对性地审定与选用日语入门教材，提高大学生的跨文化交际能力。

（2）及时革新教材内容，突显经济建设特色

首先，大学日语教材要体现创新性、适用性以及职业性，既要反映出新知识、新技能与新方法，又不能脱离大学日语作为一门外语课程在提升就业能力方面的优势。

其次，结合政治、经济、文化、科技、经贸等各行各业发展对日语人才的需求来改革教材内容，满足现代课堂与教材紧密联系的需要。由于国内日语教学资源少、教材更新慢等因素，不仅要加大活页讲义教材的开发力度，确保教学内容及时革新，还要强化教材立体化发展，编写多元立体的大学日语电子教材，即在更新教材内容时，以能力本位教育为导向，对标各行各业对日语人才的新要求，不但要融入与时代发展相融合的词汇与句子，还可在所有重要的知识点和课后习题旁边附上二维码。学生在自学时可以扫二维码随时随地观看教学视频和题目解析，跟随视频练习语言的听、说、读、写等技能，这样就能很好地使学生利用教材功能提升语言学习效果。

最后，2021年全国教育工作会议上指出，"十四五"时期，我国教育将进入高质量发展阶段，新形势、新阶段给教育提出五个方面的需求：政治需求、量的需求、质的需求、文化需求和结构需求。因此，在外语教材建设方面，也要牢记政治使命，坚持我国正确主流的思想导向，真正发挥出教材作为知识传播载体的作用。外语教材作为知识输入和技能训练的主要载体，是课程思政的主要源泉和重要抓手。外语教师若有强烈的育人使命，敏锐的育人意识，就能将思政元素内融于教材当中。教师在课堂上教授外语理论与技能的同时，还要进一步挖掘育人元素，包括价值导向、情感品格和自我管理等。

3. 以学生为中心，全面提升人才培养质量

从能力本位教育理论所提倡的"以学生为中心"的教育理念来看，人才培养的一切工作始终要以学生为主体，尊重学生身心发展规律，改善生源结构，从而提升人才培养质量。

（1）形成正确认知，增强专业认同感

学生对语言学习是否有正确的认知也会在一定程度上影响学习效果的好坏。在教学过程中，学生处于主体地位，教师处于主导地位，教师在教学中要始终引

导学生形成对语言学习的正确认知与意识。因此，大学生在进行日语学习时，教师要引导学生提前对人才培养目标、课程体系以及就业方向有充分的了解，增强学生对日语学习的兴趣，让其养成良好的知识学习素养，增强对日语教学的认同感。另外，大学生在学习日语的过程中应把自己定位为复合型专业技术人才，把所学的理论知识与实践技能融会贯通，为将来就业奠定基础。

（2）拓宽招生途径，提升招生的实效性

生源不足有可能是宣传力度不够或招生方式单一等原因导致的，要解决该问题，高校要意识到培养日语人才对经济发展有着重要的影响。同时，也要意识到生源质量低与数量不足将影响到人才培养的效果。因此，可以从以下几点进行改善。

首先，要加大宣传力度，借助互联网手段如学校官网、微信、微博等多种方式对社会进行宣传，使得社会大众了解大学日语人才培养模式特色、课程设置以及就业优势等。其次，还可以通过组织教师深入生源地等形式进行广泛宣传，主动邀请部分学生家长到高校参观、访谈，使其真正了解大学日语教育，进而增强其引导子女学习日语的信心和决心。最后，加强与中学合作机制建设。高校积极主动与中学联系对接，宣传本校日语办学特色与优势，针对性地从源头上获取生源并引导学生积极加入日语学习的行列之中。

4. 注重个性化人才培养的需求

在培养日语人才时还应体现灵活性和柔性化。除了开设大量的辅修课以外，高校还应该鼓励学生辅修第二专业或双学位。如果条件允许的话，学生还可以到其他高校辅修第二专业或双学位。教师在对这些有个性化需求学生的教学过程中，应将教学重点放在培养学生的独立思考能力、分析能力、批评能力和解决问题的能力上，为学生创造一个宽松自由的学习环境，鼓励学生独立思考，培养学生独立分析问题和解决问题的能力。

（二）企业方面：发挥校企协同培养的作用，加强实训管理

随着社会经济快速发展与产业结构不断升级转型，企业积极参与校企合作项目，不仅为企业提供人力资本，还可以借助校企合作平台来宣传企业优秀的管理理念与文化建设，体现企业对社会发展的关怀与责任感，为企业树立良好的形象，从而提高企业知名度。这对于企业的长远发展是非常有利的。在新的时代背景下，要充分发挥地区优势，为更好开展校企合作、培养优质的日语人才，企业应从对下几个方面进行完善。

1. 增强企业参与校企合作的意识

当前，部分高校培养的人才在就业岗位上还有所偏差，其中最主要的原因之一就是校企合作环节出现漏洞。企业作为用人单位应积极融入大学日语人才培养模式中，并做到全过程参与人才培养。

一是企业要结合行业发展对人才的需求及时制定精准的用人标准，并定期发布企业用人需求情况。这样学校在制订人才培养计划时，可以依据用人标准来调整人才培养目标，所培养的人才才能更好符合社会需求。

二是企业在参与校企合作的过程中要对大学日语人才培养所设计的课程、教材、实训等教学活动给予指导。例如，积极参与高校日语课程开发，共同协商设计理论与实践课程表、学生语言技能操作考核量表，为学校提供实训基地，细化校企合作人才培养评价指标等。企业通过主动、积极参与到日语人才培养的各个环节中，真正发挥企业指导的作用。

三是学校方面也要与企业保持交流与沟通，并不断提高自身的教学改革创新能力，为企业搭建指导人才培养的平台。

2. 完善学生实训管理体制

学生实训质量的提升取决于校企双方良好的管理体制。针对部分高校学生在实训阶段出现的认知不足、态度不端正等问题，企业应从以下方面进行改善。

首先，增强学生的归属感。企业在实训管理中，要向学生宣传普及企业的文化建设，陶冶学生，让学生从理念上认可企业。同时，要经常组织一些集体活动或野外拓展活动，让学生与正式员工共同完成活动任务，并给予同等条件的奖励。学生不仅能从活动中锻炼自己的语言技能与组织协调能力，还对企业有了强烈的归属感，从而无形中自觉地把自己纳入企业发展中，融入企业人文建设。这对于企业与学生来说都是双赢的局面。

其次，企业要建立实习考勤与处罚管理制度，可以运用信息技术软件进行辅助管理，提高学生到勤率。对于实际未到岗的学生，企业要采取强硬的解决措施。例如，坚决不给实习材料签字和盖章，严重者反馈学校并取消实习资格等，强硬的手段可以避免耍花样、钻空子等现象的出现。

最后，企业还要制定详细实训考核方案，细化考核指标，并按要求严格执行。在学生实训期间，建议分阶段对学生进行考核，从学生的思想教育、理论知识、实训操作、职业素养等不同方面对学生进行客观、综合的评价。因此，高校必须关注时代发展对日语人才的需求，及时优化人才培养模式，完善学生实训管理体制，强化学生主人翁意识，这样才能确保学生实训环节的顺利开展，从而提高大学生实践语言技能的质量。

第二节　现代日语教师的专业发展

一、教师专业发展概述

（一）教师专业发展的概念

对于我国教师的专业发展，国内一般有如下两种理解方式，即"教师专业"的发展与教师的"专业发展"。前者指研究教师职业和教师教育形态的历史和演变，侧重一种外在形态的、涉及各种制度和体系因素的、目的在于积极推进教师成长和职业走向成熟路径的教育课程与培训发展历程研究；后者则比较强调教师个人的、由一名非专业人员发展为一名专业人员的过程，侧重于理论，把重点放在如何调整教师个人专业结构、完善职业专门化规范，以及使其具有专业发展意识上。

目前，国内外在教师专业发展的构成维度这一问题上并没有达成统一标准。经过对众多学者在这方面研究的分析发现，学者大多强调教师专业发展包括专业精神、专业知识、专业能力、专业实践。可以说，这四点共同之处就是构成教师专业发展最重要的要素，教师在这四方面的发展水平决定了教师专业发展水平的高低。因此，结合前人对教师专业发展的理解，可以将教师专业发展界定为在教师职业生涯中，教师个人利用不同渠道、方法和技术手段，在专业精神、专业知识、专业能力和专业实践方面不断完善和发展的过程。

（二）教师专业发展的理论基础

1. 生态系统理论

生态系统理论是在发展心理学中由著名心理学家布朗芬布伦纳（Urie Bronfenbrenner）提出的个体发展模型，该理论强调个体嵌套于相互影响的一系列环境系统之中。在这些系统中，各种因素与个体相互作用并在一定程度上影响着个体发展。该理论指出可将人所成长的社会环境（如家庭、机构、社区等）看作一种社会性的生存系统。大学教师作为传道、授业、解惑者，其自身专业发展不是顺其自然的"单打独斗"。生存环境、工作场域、经济待遇、社会认可、学校支持、自身认识等因素都会在一定程度上影响其专业发展的走向与进程。

教师个体本身即最里层的微观系统；其次是教师的工作场域环境中的相关因素——中层行为系统，包括学校的制度、条件、平台、同事等；最后是宏观层面，包括社会层面与政府层面，社会支持包括家长、社会对教师的认可度及家人对其工作的支持等方面，政府支持包括行政部门的政策与经济、行动等方面的支持。基于生态系统理论视角探析教师专业发展的问题，可以一种更宏观、更全面的视角来审视教师专业发展中出现的问题，提出相应解决措施。

2. 教师自主发展理论

教师自主发展是指教师个体自觉主动地追求作为教师职业人的人生意义与价值的自我超越方式。在一定意义上说，教师的自主发展是教师个体自身的行为，侧重于教师的自我选择与追求。有学者将自我发展的主要特征归纳为三点，即固有的发展需求和愿望、发展内容是个体的、个体发展具有自觉的主动性。教师作为具有主观能动性的个体，其自主发展充分体现了教师在教育教学工作中的主观能动性，能在很大程度上影响教师的专业发展。在教学研究中，教师作为其专业发展的主体与对象，教师个体的自主发展意识与自主发展行动在一定程度上会导致教师不同的发展状态。因此，研究关注教师的自主发展意识与行为是具有重要意义的。

3. 马斯洛需求层次理论

美国著名社会心理学家亚伯拉罕·马斯洛（Abraham Maslow）的需求层次结构是心理学中的激励理论，包括人类需求的五级模型，也有人将其划分为七级模型，但从内容上来讲区别不大。可以按照五级模型进行阐述：生理（食物和衣服）、安全（工作保障）、归属感与爱、尊重和自我实现。这五级模型可分为不足需求和增长需求，前四个级别通常称为缺陷需求（D需求），这类需要是我们必须要有的；而最高级别称为增长需求（B需求）。

需求层次理论在教学中被广泛应用，不仅局限于教学，对于教师专业发展，该理论也有一定的指导作用。无论是何种性格、何种职业、何种层次的群体，都会有自我实现的潜能和需要。需求层次理论是一种生存价值理论，教师的生存价值是什么呢？教师是否需要通过其专业发展实现其生存价值呢？

现如今，国家大力支持教育的现状使得教师的生存需求、安全需求都得到了强有力的保障。至于归属感与爱的需求，一方面，对于教师这个职业的选择基本符合教师个人意愿，教师行为规范要求教师爱岗敬业，注重师德师风建设。多数教师会恪守职责，在严格要求自己的同时，归属感也在无形中建立起来。也正因如此，教师的归属感与就业年限成正相关。另一方面，学生作为教师工作中重要合作群体之一，该年龄段的学生多数坦率、真诚，依赖性强，常常会与教师建立深厚的师生情谊。此时，教师的归属感与爱的需求在一定程度上会得到满足。教师自尊的需要主要涉及是否被别人认可，教师是一个深受世人尊重的职业，通常情况下，教师只要兢兢业业、教书育人，自尊的需要都会得到满足。教师是一种高尚且备受肯定的职业，这也是很多人选择教师这个职业的原因。至于自我实现的需要，这也是教师进行专业发展的主要原因之一。当缺陷需求都得到满足时，增长需求是教师职业发展的巨大动力。教师教学生已经不单单是为了外在的名誉和声望，更多的是自我实现的满足感。新手型教师努力适应新环境，试图将在学校学习到的理论应用于实践，摸索适合自己的讲课风格，证明自己的价值；熟手型教师经验丰富，但不甘于进行机械性、程序性的教学，他们进行专业发展以期有进一步的突破，从而达到阶段性的自我实现；专家型教师可谓已经功成名就，具有深厚的教学功底和文化底蕴，看待问题有自己独特的视角和见解，教育学生有自己特有的理念和方式。但凡事有利就有弊，经验丰富的专家型教师年龄普遍较高，时代的进步和科技的发展为教育带来了全新的体验，也为专家型教师带来了一定的挑战。专家型教师为了进一步提升自己的专业素养，做到与时俱进，也应积极进行专业发展以满足自我实现的需求。

二、日语教师专业发展的素质结构

从教师专业素质来看，"专业"不能片面地理解为教师任教的学科，而是指教师从事教育工作必须具备的素质，是其参与的整体教育和教学活动和行为的总体。教师的专业素质是教师执行一切教育教学活动和工作的基础。一般而言，日语教师的专业素养主要由专业精神、专业知识、专业能力和专业实践四部分组成。

（一）专业精神

大学日语教师的专业精神是教师专业素养的重要组成部分，其内涵是教师在教育教学中传递出来的一种职业认同感、责任感、奉献意识、积极专业意识的价值追求，其基于对教育教学的理性认识和判断。这不只是停留在认知的层面，更指向教师的教学实践。大学日语教师的专业精神具体包括教育理念、专业态度和师德。

1. 教育理念

教育理念是指日语教师对教育业务的理解和以体验为基础形成的个人教育观

念和理性信念。日语教师的教育理念反映出自身的教育理念，巩固了教师的基本教育判断能力。日语教师是否具有自己所从事职业的教育理念，往往成为判断其是否具有专业性的重要依据。

2. 专业态度

专业态度是在一定专业意识的支配下形成的，针对特定专业活动对象的认识、评析和行为倾向，它对教师的行为具有重要的指导和调控作用，对学生学习态度的形成和转变也有一定的影响。具体地说，大学日语教师需具有职业精神和责任感，树立教师服务意识，立志为社会和个人的发展提供精神服务和知识服务。

3. 师德

师德的具体要求，是指教师对学生的教育作用不应只有教会学生知识，还应该以身作则，言传身教。只有在职业道德、人格修养、待人接物等方面都能起到表率作用，树立榜样，才能在学生心中做一个有地位的教师。大学日语教师应努力形成勤奋进取的工作精神和无私奉献的良好道德风尚，体现育人功能，树立教师的光辉形象；自觉了解教师的职业特征，遵守教师职业道德，对所有学生负责，尊重每个学生的个性和差异性。

（二）专业知识

大学日语教师的专业知识是教师从教育教学过程和实践中获得的，直接作用于日语教育课程的实用知识。新世纪对日语教师专业知识结构的要求不再局限于单纯的组合，而应强调多层次的、复合的结构特点。大学日语教师的专业知识包括以下三方面：学科知识、实践知识、教育类知识。

1. 学科知识

大学日语教师应具备和掌握相应的日语理论知识。在当前教师普遍学历达标的前提下，大多数日语教师具备相应的日语理论知识，但却缺乏了对知识自主更新的意识，每隔一段时间知识就会变得跟不上学生需求的情况大概率会出现。因此，教师应不断更新自身的专业知识，了解该学科现时及未来发展的动向。例如，教师必须熟悉日语教学内容和各单元重点知识结构，熟悉基本的教学方法和预设实际操作中有可能出现的问题，此外，教师要清楚日语知识在现行学校课程中是如何体现的。

日语教师要理解日语教学的目的和标准，形成日语教学的指导思想。另外，教师在具备日语学科知识的同时，还应关注跨学科之间的学科知识相互渗透，整合不同学科知识并能综合运用到日语教学中。

2. 个人知识

日语教师要在教学实践中不断把理论与日常教育教学实践相结合，不断整理和补充，直至能够融会贯通地运用，逐渐形成日语教师独特的、适应自身教学情况的教学风格，形成具有日语教师个人特色的教育理念。这些独到的经验和技巧、技能，加上平时自身积累的各种教育教学经验，组成丰富的个人知识，为下个阶段的专业提升做充足的储备。

3. 教育知识

专业教师的必备条件是要具备教育知识。第一，日语教师应该理解有关教育教学工作的理论知识，包括以下几个方面：了解教育发展历史上的重要里程标志和实践活动，熟悉国内外优秀教育理念；熟悉现代教育教学的思想改革和实践成果，关注现今社会所需的教育改革思想，提炼和更新符合学生实际发展的教育思想改革并开展教育教学实践活动。第二，日语教师应熟知学生的知识发展规律和发展阶段性，掌握其学生个性特点和成长过程中存在的个体差异；理解和关注需要特别关爱的学生成长规律，平等对待每一位学生，关心普通学生，同时也对需要特别关爱的学生给予更多的关注和适合其成长的教育方式。第三，日语教师对教育科研要有基本的了解，包括了解开展教育科研的基本方法和规范，了解日语教育科研研究的进度和开展的情况，结合自身教育教学实践开展课题研究；第四，日语教师应学习先进的教育技术，不断完善教学手段和方法，提高教学效果。

（三）专业能力

日语教师的专业能力是指日语教师在组织教育教学活动中对学生实施有针对性的、有影响力的主体"行动"的能力。这些能力通过教育教学活动呈现，保证教育活动的有效进行，主要包括教学能力、组织管理能力和科研能力。

1. 教学能力

教学能力是指大学日语教师在理解日语课程目标的基础上，明确教学目的和重难点，掌握课程的特点和教育意义，根据课程标准选择教学内容和教学方法，能够合理运用现代教育教学技术开发教学资源，进行教案的编制，并在实施日语教学时对学生进行恰当评价的能力。

2. 组织管理能力

大学日语教师应具备驾驭课堂的能力，能有效地组织和管理课堂教学、自主学习和探究性活动，管理好学生的课堂行为，保障课堂教学活动顺利地进行；日语教师必须具备设计、组织班级活动的能力，如组织学生参加学校集体活动，进行班级课堂常规管理等，形成有利于全体学生发展的集体组织，使学生信任班集体，参与班集体，互相帮助，保证学生班集体生活的顺利开展；具备设计教育活动和组织课外活动的能力，组织协调社会教育、家庭教育和学校教育的关系，形成教育合力，保证学生集体实践。

3. 科研能力

大学日语教师必须在教学中学习、研究，对自己的教学进行思考和探索，实现研究式教学，在研究中教学；日语教师要善于观察日语教学实践中存在的问题和发生的现象，勤于反思这些问题和现象背后的实质，善于总结研究，具有从教育现象中提取问题，分析问题，解决问题的能力；日语教师对日语教育教学实践应具有不断反省和改进的能力，具有针对性的、有计划地进行专业学习和广泛学习的能力，并且具有在实践中协作学习、共享学习的能力。

（四）专业实践

教师专业实践是指大学日语教师指导并组织学生进行认知、共同完成教学目标的师生实践活动。其中，具体要求为大学日语教师应具备明确的教学行为、灵活多变的教学方法，能有效调动学生的学习积极性；教师在进行课堂教学时可以以教学任务为中心开展教学活动，同时也尽力让教师和学生之间建立和睦关系。大学日语教师应多关注学生的心理发展状态，了解学生的需要，对学生的学习过程给予高度关注，促使学生主动参与教育教学活动，对自己的学习负责。日语教师也需及时掌握学生的学习情况和课堂上出现的问题，从而调整自己的教学内容和教学进度。

以上四个因素是日语教师专业发展的目标和标准，它们相互作用、相互影响、缺一不可，形成教师专业发展的基本结构。但这种结构不是一成不变的，随着时代的发展和教育形势的变化而不断更新和不断发展。日语教师可以对照自己，扬长避短，制定适合自身发展的职业规划和提升专业水平的措施，并在专家的指导下不断改善和改进，有效促进自身专业发展。

三、日语教师专业发展的提升策略

（一）政府层面

1. 完善继续教育制度

教师培训是促进教师专业成长、提高教师专业发展水平的有效方式之一。目前针对大学日语教师的培训及其结果却不尽如人意，培训流于形式、培训机会少、培训缺乏针对性与实效性、培训形式单一化等问题依然阻碍着培训工作的推进，影响培训工作的实效性。对此应该从培训现状入手，从以下几个方面寻求突破口，进行改进和提高。

其一，加大培训经费的投入，保障教师培训经费。增加培训机会且将培训机会适当向大学日语教师倾斜。

其二，增强培训内容的针对性。培训前可对大学日语教师先进行调研，了解大学日语教师工作上的困惑与培训需求。从大学日语教学的实际需求出发，力求问题从一线中来又回到一线中去，培训内容贴合实际。完善培训人员报送制度，注意分层与分类别培训，如将教师群体分为新教师、骨干教师、老教师等，注重分类指导，注重培训后的反馈与追踪。

其三，开展多样化形式助力大学日语教师专业发展。地方教育行政部门要结合现有教育资源与当地实际情况，开拓教师培训模式。采取多种形式、多种活动来提升大学日语教师的专业能力。如通过同课异构、教学比武、送教下乡、校本研修等方式来推动教师培训工作的开展，丰富教师的专业知识，提升教师的专业能力。

2. 开发优质信息化资源

（1）建设教师专业学习平台

信息化时代，各种信息化平台层出不穷，但专门为教师专业发展服务的信息化平台数量极少。信息化平台因其操作方便、承载资源量大、查询所需资源快速、支持多人同时在线等特点深受人们喜欢，且逐渐成为人们生活中的一部分。助力日语教师专业发展的信息化平台集信息化平台的特点与辅助教师专业发展的资源于一体，能够让使用该平台的日语教师迅速找到自己想要的资源，且能在平台上与同行交流，帮助同行答疑解惑等，对他们专业发展的帮助很大。

专门为教师专业发展服务的信息化平台对教师专业发展相关知识的要求较高，普通信息化平台无法替代。不仅如此，助力日语教师专业发展的信息化平台对建设、运营平台的人的教师专业发展相关知识的要求较高。据调查发现，由仅掌握部分教师专业发展知识的人士或非教育行业人士建立、运营平台的效果均较差。因此，建设并运营助力教师专业发展的信息化平台需要信息化平台管理部门与教育管理部门合作。信息化平台管理部门提供平台建设的资质、技术及平台运营后期维护人员，给予技术方面的支持；教育管理部门则提供掌握教师专业发展有关知识牢固的人员，给予知识方面的支持；信息化平台管理部门、教育管理部门合作提供组织方面的支持。二者各提供自身优势领域内的资源，助力日语教师专业发展的信息化平台则将二者提供的资源合理配置并充分使用，实现二者所提供资源的最大价值。

信息化平台管理部门与教育管理部门在建设助力日语教师专业发展平台上的合作需要满足以下几点才能达到较为理想的效果：确定合作的主导者及参与合作的人员；讨论合作的内容；协商合作的事项及细节；商议参与合作各方的具体分工；确定对双方合作进行监督的第三方；设想合作达成的最佳效果并制定合作的标准等。只有上述条件得到满足，信息化平台管理部门与教育管理部门共建的信息化教师学习平台才能真正满足日语教师提高各方面专业能力、增加专业知识储备的要求，最终达到提高教师专业发展水平的目的。

（2）在线指导教师进行专业发展

助力教师专业发展的信息化平台是辅助工具，教师则是使用工具的人。日语教师使用信息化平台及其所提供资源的效果决定了日语教师专业水平的提升程度。因此，大学日语教师如何使用助力教师专业发展的信息化平台及其资源并将其作用最大化是首要解决的问题。大部分教师能够在工作、生活中使用信息化平台并在其上查找需要的资源，这是值得肯定的现象。但许多教师在查找资源的过程中遇到一些自己无法解决的问题时，其所使用的信息化平台却不能及时给予准确的解决方法指导。如此一来，就影响了教师从信息化平台上获取资源的效率，也间接影响了其专业发展的速度。

教育管理部门不仅对管辖范围内的日语教师的日常工作负有管理的责任，还对日语教师的专业发展负有引导、帮助的责任。因此，大学日语教师在助力教师专业发展的信息化平台上进行学习或者查找资源遇到不懂的专业问题时，当地教育管理部门应组织名师、高级教师、特级教师或从事教师教育工作的专业人员进行在线指导。如此，教师才能高效地利用助力教师专业发展的信息化平台上的资源，进而加快自身专业发展的速度。

教育管理部门组织名师或从事教师教育工作人员在线指导大学日语教师时需

要满足以下几个条件：助力教师专业发展的信息化平台设置单独答疑区域；教育管理部门确定参与在线指导的名师或从事教师教育工作的人员名单；教育管理部门对参与在线指导的名师或从事教师教育工作的人员定期进行培训，培训内容为在线指导的流程与相关的专业知识；教育管理部门定期组织助力教师专业发展的信息化平台的技术人员与参与在线指导的人员进行对接与联合训练。只有上述条件都得到满足，教师利用信息化平台进行学习或查找资源时才得心应手，助力教师专业发展的信息化平台才能完全实现其对教师专业发展的辅助、推动。

（3）推送个性化专业课程

信息化时代，信息技术不断更新，基于信息化平台用户使用数据的数据分析系统应运而生，且其在许多信息化平台投入使用并获得了较为接近预期的效果。该系统是综合用户在平台上的使用数据并运用算法对数据进行分析的系统，能够了解用户的使用习惯或偏好，并根据用户的使用习惯或偏好推送给用户符合其使用习惯或偏好的产品。正因为该系统所具备的特点，用户能够收到较为符合自己心意的推送，大大增加了用户购买产品的可能。因此，助力大学日语教师专业发展的信息化平台可以引入这一系统辅助教师进行专业发展，推送给教师符合其专业发展需要的课程，进而高效地提升其专业素养。

满足日语教师专业发展需求的课程指的是每位使用助力日语教师专业发展信息化平台的教师，所学习的课程需要满足其个人专业发展需求。因为使用助力教师专业发展信息化平台的教师人数多，平台无法为每位教师提供定制的课程。但平台可以在整合自己资源的基础上，根据每位教师专业发展的个性需求为其推荐需要的课程。这样，同样可以达到提供给使用平台的每位教师满足其发展需求课程的效果。

给每位使用平台的日语教师推送其专业发展需要的课程，平台数据分析系统需由以下几个模块组成：快速获取平台用户数据的模块，该模块主要用于收集平台用户的身份信息及使用数据等；管理平台用户数据的模块，该模块主要存储平台用户的数据；处理平台用户数据的模块，该模块主要运用算法对平台用户的行为数据进行分析，判断其真实需求，并在此基础上给用户提供满足其切实需求的服务；整理平台用户数据的模块，该模块主要对平台用户的数据进行归类；推送给用户满足其需求资源的模块，该模块主要是将符合平台用户要求的资源推送给用户。只有上述条件都得到满足，助力教师专业发展平台的数据分析系统就能给每位使用平台的教师推送其专业发展所需的课程，进而实现促进教师专业发展的目的。

（二）社会层面

1. 营造尊师重教的氛围

尊师重教是我国的优良传统，营造尊师重教的氛围，提高教师的职业认可度，在精神上肯定老师们的辛勤付出，让其舒心从教。大学日语教师不仅需要物质条件的稳定感，也需要个人成长的获得感与认可尊重感。社会应通过舆论或媒体宣传等形式，让日语教师及其专业发展在社会中得到理解、认可、尊重与支持。大学日语教师在肯定中体验到被需要，体验到幸福感，在社会的尊重与认可中进行教育教学工作，感受到教师这一职业的意义，感受到教师职业的使命感，进而促进自身的专业发展。社会可从以下几方面着手致力于营造尊师重教这一氛围。

其一，有效利用媒体平台，如微博、电视台、报纸等宣传大学日语教师的优秀事迹，去捕捉高校教育场域中的师生情谊，让更多的人了解大学日语教师。

其二，依法打击"校闹"行为。多部门协调配合工作，维护学校师生合法权益，维护正常的教学秩序，维护教师的尊严，保障大学日语教师安全的工作环境。

其三，定期召开表彰会，充分利用教师节等节日对贡献突出的教师或优秀教师进行表彰。开展教师节主题团日活动，举行退休教师集中荣休仪式。上级相关部门应定期走访、慰问大学日语教师，聆听他们的心声与诉求，切实解决大学日语教师工作、学习、生活中的实际困难。

其四，加强教育政策宣传，加强社会大众对教育事业的了解。

2. 形成正确的社会期望

教师的专业发展是一个长期与动态生成的过程，社会应给予教师一定的空间与时间，不可操之过急。任何人的成长都需要一个过程，大学日语教师的专业发展也是一个循序渐进的过程。古往今来，社会给予教师多重社会角色、多重社会期待，社会期望往往会对教师的专业发展提出较高的标准，同时也会在一定程度上给教师施加一些压力。社会看待教师的专业发展更多是从"望子成龙、望女成凤"这一视角出发，更多关注教师专业发展水平对于学生成绩的影响，忽视专业发展对于教师个人成长及教师职业生涯的重要性。

在调查中发现，大学日语教师在与家长的教育理念糅合时能感受到过高或过低的社会期望。每一个家庭都是社会缩影的一角，有的家长将对孩子的期望完全寄托于教师，希望看到孩子快速成长；有的家长不以成绩的好坏作为衡量孩子的标准，却又迫切希望自己的孩子成绩优异；有的家长对孩子的教育撒手不管。一些日语教师在面对高校教育现实的时候，可能会感到茫然甚至迷失发展目标。教师专业发展的水平影响着教师个人的发展与学生的成长，这一点毋庸置疑。

社会期望过高或过低均会影响并制约大学日语教师的专业发展。对于这一问题，有效的解决方式是与家长沟通，转变其教育理念。社区、学校、家庭要共同携手致力于、关心于孩子的教育成长问题，构建全新的合作伙伴关系。加强教育政策的宣传，注重教育方法的引导，增强家长的教育意识，重视子女的教育问题。学校及教师要加强与家长群体的沟通，通过家长会、家长委员会等邀请当地教育理念先进的家长分享自己的教养经历及教育方法，以家长带家长的方式，传递教育正能量，促使家长改变其落后、不适宜的教育观念。相关部门如妇联、教育局等也要积极行动，协同引导家庭教育工作的开展。

（三）学校层面

1. 加强教师保障与激励制度建设

（1）制定合理薪酬制度，结合多种激励手段促进教师专业发展

合理的薪酬福利是满足教师生理需求、安全需求的保障，学校的鼓励与激励、家长的认可则能满足教师尊严的需要与自我实现的需要。

学校在制定教师薪酬制度时，应对当地同等学校的薪资水平进行广泛调研，拟定具有市场竞争力的薪酬水平及基本工资，建立适合本校的动态工资机制，为工资的合理上涨提供依据。在薪酬结构方面，要结合教师工作量、贡献度、专业能力等因素，结合教师的考评结果，突出优秀教师与普通教师、有经验的教师与新手教师的不同，使工资具有激励性、公平性，保证工资结构的科学合理。另外，对于教师额外增加的工作则应适当给予补贴，如教师周末加班、晚办公、晚例会等，以减少教师的不满情绪。

对大学日语教师的专业激励应该以多种方式进行。首先，结合复杂人假设可知，人的需求是多种多样的，同一个人处于不同阶段其自身需求也会发生改变。学校要广泛调研，了解教师的心理期望及需求，有针对性地进行激励。如对于渴望得到专业成长、经验有限的年轻教师，可以给予其外出参加培训交流的机会；而中年骨干型教师往往承担着家庭的经济开支，对未来的发展也有一定的期待，因此，宜采用物质奖励与职位晋升相结合的激励方式；对于老年教师、专家型教师，则应为其提供可以发光发热的平台与渠道，如通过建立名师工作室等方式对其工作表示认可与支持。学校应为不同阶段的教师搭建不同的竞争平台，如新手教师可争取"教坛新秀"教师，而教龄一定的教师可竞选"教学标兵""教学名

师"等。除了外部激励之外，根据期望激励理论，管理者还要注重对教师的内部激励。如进行情感激励，对于能达到自己专业发展目标的教师给予充分肯定，并鼓励其进行下一阶段的发展规划，引导其不断地向上攀登。对于在专业成长道路上遇到阻碍或有疑惑的教师，应及时表示关心，帮助其调整好专业发展的方案。

在晋升激励方面，第一，学校应为日语教师提供相关的培训。第二，要综合师德、教学理念、教育管理能力等各方面因素，制定科学合理的晋升考核制度并公开，让教师进行公平公正的竞争，切忌根据领导的好恶来选拔人才。第三，要尽量为教师提供更多的晋升机会，满足更多教师"自我实现"的需要。同时对于被提拔的教师要给予充分信任，所谓"用人不疑，疑人不用"，通过给予具有一定挑战性的任务来激发其强烈的工作热情。第四，对于适合一线教学而不适合管理的教师，应鼓励其在教学上不断发展，向"教学标兵""教学名师"的方向奋进。

（2）提供充足的时间与资源，为教师的专业发展创造机会

繁重的教学任务使一些大学日语教师分身乏术，"教师专业发展"最终只能流于形式。学校要为教师们提供足够的时间、资源，激发日语教师的专业发展热情，保障教师专业发展的有效进行。

第一，要适当地补充教员，减少教师的平均工作量，减轻教师的课时负担。学校还可以借鉴美国"全国专业发展模范奖"获奖学校的成功做法，如每周选择一两天时间将教师工作时间延长至 8.5 小时，延长的工作时间用于教师专业发展，并就延长的时间发放相应的加班补贴。

第二，设立教师图书借阅室，为教师提供丰富的教育资源，包括网络资源及其他图书资源等，鼓励教师在工作之余借阅书籍，鼓励教师养成写教学博客、阅读笔记、教学反思的习惯。学校可以在每学期或在寒暑假期间组织教师进行专业阅读竞赛，鼓励教师在寒暑假等休息时间进行专业书籍阅读并写作阅读笔记，可根据教师阅读笔记情况给予一定奖励。

第三，利用工作之余多组织技能竞赛等活动，这不仅有助于敦促教师进行专业学习，同时也能满足教师"自我实现"的需要，是教师崭露头角的好机会。学校应尽早发布竞赛规则，让所有教师都能有足够时间做充分准备，同时根据不同教师情况设定不同的比赛内容，保证不同层次教师都能有兴趣、有机会参与进来。

第四，在节假日、周末等时间鼓励教师到学校进行专业学习，包括以教研组为单位进行学习或单独学习，学校也可于休息期间不定期组织专业发展活动。对于有家庭的教师，学校可安排专人帮忙临时看护小孩、组织小孩进行学习与活动，

保证教师与其孩子都能参与到高质量的成长活动中，让教师明白"言传身教"对下一代培养的重要意义，帮助教师养成终身学习的良好习惯。

2. 建立科学合理的教师考核评价制度

我国教育改革提出"用教师评价促进教师专业发展"的评价理念。科学合理的评价是调动大学日语教师工作积极性和创造性的重要手段，它直接关系到大学日语教师队伍的稳定，关系到日语教师专业发展的持续改善。

第一，学校应明确教师评价的核心标准，不宜将升学率或者学生考试成绩作为唯一的评价标准。教师评价应该以促进教师专业发展为最终目的，学校与教师要相互信任。评价不是目的，而是手段，通过评价手段找出教师工作中的问题，分析问题、解决问题，才能真正实现评价的价值与意义。

第二，要结合教师专业发展目标合理地制定教师评价制度。学校在制定教师评价制度之前要综合考虑教师的教学、教研、德行等多方面因素，合理地制定教师评价的项目，通过教师专业发展目标来指导教师评价，进而又通过教师的评价促进教师的专业发展。

第三，在评价内容方面要以鼓励、激励为主，减少非必要的惩罚，要重视教师的"社会人"属性，设置集体奖励，鼓励教师之间团结合作、分享教学资源及经验、进行互助探究，鼓励教师利用集体的力量共同实现专业发展，营造良好的专业学习氛围。

第四，在评价方法上，要注意将多种评价方式相结合，如采用定性与定量相结合的方式。根据期望激励理论，一味追求量化结果的准确性、科学性容易导致不公平，进而导致教师的不满，如教师的师德修养等便很难通过量化方式进行评价。学校还可以通过过程性评价的方式来观察教师的专业发展，或根据自身情况自行探索更为有效的评价方式，如教学档案袋评价方式等。但无论评价方式如何革新，教师作为受评价的主体，其对自身专业发展情况最具发言权，教师自评不能被忽视。

第五，要注意对评价结果的及时反馈，让教师清楚自身的评价结果，明白其优势及不足，并积极采取行动进行调整。这也是教师评价的最终目标，即督促教师自我学习或参与相关性培训，并发挥作用，不断提高教育教学质量。只有这样，高校教师队伍建设才会越来越好。

3. 拓宽教师专业发展路径

大学日语教师的专业发展既可以指教师个体的专业发展，也可以指教师群体的专业发展。作为大学日语教师工作与成长的实践场域，学校要承担起促进日语教师专业发展的职责，搭建平台，拓宽日语教师专业发展的路径。

首先，意识引领。学校要重视日语教师的专业成长，整合高校条件与资源制定教师群体专业发展规划，督促与引导教师个体依据自身实际制定相应的教师专业发展规划，赋予教师在专业发展上的主动权，发挥校级骨干教师的专业引领作用。

其次，学校可成立科研工作室或工作坊，建立研修学习共同体，抱团成长。定期邀请市级或县级优秀骨干教师来校进行指导，定期开展主题交流、听评课及相关教学活动，加强教师间的合作交流，营造和谐、积极向上的交流氛围。

再次，加强城乡联盟互动，建立合理的城乡轮岗交流制度，创造条件鼓励大学日语教师进入示范学校观摩学习。

最后，合理利用网络与信息技术平台，依托高校寻求优质教育资源，接触与吸收新教育理念，寻求专业力量的指导。充分利用高校优质资源与网络课程资源促进教师实现专业成长。

在调查中发现，高校教研活动的实效性有待提高。校本教研是为了解决学校教育教学问题而展开的实践性研究。从某种意义上来说，校本教研是立足于学校自身发展中出现的问题，围绕教学中的实际问题，组织实践场域中的成员研究并解决教育实践问题的一种教研活动。在新时代背景下，在国家的大力支持下，教育部门与高等院校在不断探索促进教师专业发展的有效途径，为高等教育日语教师的专业发展提供了新的契机。高校应大力开展校本教研活动，定期组织开展相关教研活动，以问题为导向，以课堂教学实践为基础，落实好教学常规工作。除了校本教研外，学校还要重视集体备课，汇聚教师才能，保证集体备课的时间，选好集体备课组织人，激发教师参与集体备课的积极性，确保集体备课发挥实效。重视集体备课、听评课、读书会、沙龙研讨等活动的开展，营造浓厚的教研氛围。

4. 注重对教师的人文关怀

一所学校的发展离不开全体教师的齐心协力与共同奋斗，学校要注意培养日语教师的主人翁意识与团结合作的精神。学校注重对日语教师的人文关怀，践行"以人为本"的管理理念，营造民主、和谐的校园氛围，让教师在工作场域中感受到温暖，多一份归属感。这样才能更好地调动学校教职人员的积极性与增强学校的凝聚力，才能更好地促进学校的稳定发展。

首先，尊重教师，关心教师，关注日语教师的物质与心理需求。学校管理者在平常的工作、生活中应常常关心教师，尊重教师的个性与个体差异，关注教师的心理状态，树立以教师为主体的管理理念，真正关怀教师。学校管理者可以有选择性地进入办公室坐一坐，跟教师们聊一聊，拉近与教师间的关系，并积极帮助日语教师解决工作和生活上的困难。

其次，建立有效的沟通渠道。教师与教师间、教师与领导间、领导与教师间定期开展谈心谈话活动，鼓励教师对自己或学校的工作提出建议与意见。

再次，定期开展团建活动。依据学校实际情况开展多样化的活动，如教师趣味运动会、座谈会、读书分享会等，营造宽松的工作氛围与并建立和谐的人际关系，营造良好的工作环境，增加学校的向心力与凝聚力。

最后，健全民主管理监督机制，强调参与式管理。学校重大事务应注重全体教师的参与，同时要引导教师积极参与学校管理，凝聚力量。赋予教师一定的管理权和决策权，提高教师的工作积极性与主动性，推进学校各项工作的发展。

5. 组织各种形式的平台交流活动

大学日语教师的职责是教书育人，其工作是教会学生日语知识、培养学生各方面能力，因此，在日语教师工作的大部分时间，其行动都限制在学校范围内。同时，学生是不断发展的个体，每个学生在不同时期的表现及身心发展的程度不同，不同学生的身心发展速度及已达到的程度也都不尽相同。

大学日语教师需要依据每个学生的具体情况选择教育学生的最佳方法，依据所带班级学生的学习情况选择合适的教学方法。这些是日语教师在工作时必须要做的工作，也是对其专业知识及能力的考验。不仅如此，大部分教师每年所带的学生都不同，这就需要教师的专业知识及专业能力能够满足教学需要并不断更新以适应新的变化。而教师学习专业知识、培养专业能力最快的场所就是学校，帮助教师的专业发展水平在短时间内得到提高的专业机构也是学校。学校不仅要对教师的工作负责，更要对其专业发展负责。

大部分校内常见的教师间交流是教师自发进行的，没有负责组织的人员，也没有固定参与人员，交流的内容不是精心安排的，随机性强且大部分为家庭琐事，交流的频率与时间也无法得到保障。如此交流对教师专业发展的作用微乎其微。因为教师职业的特殊性，能够把校内所有教师聚集在一起的机会与时间有限，且学校日常的工作也很多，这就导致很多学校在教师专业发展方面有心无力的现象出现。

信息化平台为学校组织教师开展经验交流活动提供了绝佳的机会，可以满足学校促进教师专业发展的需要。为了达到最佳效果，学校需要做到以下几点。

其一，组织各种形式的依托信息化平台的教师经验交流活动，如优秀任课教师经验分享活动、优秀班主任经验分享活动、学科带头人从教经验分享活动等。

其二，定期组织教师在信息化平台上交流互动，充分发挥年级主任、学科组长等人的专业引领作用。

其三，精心安排交流的主题且主题来源于教师需求，让教师每次交流都有收获。

其四，制定配套的制度，如查看教师出勤率及相应的奖惩制度。

只有做好以上几点，学校才能充分发挥管理教师及促进教师专业发展的作用，助力教师专业水平的提高。

（四）教师个人层面

1. 提高自身职业道德水平

首先，大学日语教师高度的师德觉悟需要以正确的、科学的世界观与人生观为指导，因此，教师须认真地、系统地进行理论学习，从而树立起正确的世界观、人生观。

其次，深刻认识师德规范是教师自觉遵守师德规范、履行师德要求的前提。现实中，部分教师违反师德要求往往是由于对遵守师德规范的重要性、必要性缺乏认识。因此，教师需充分掌握有关师德的基本知识，并自觉将师德要求转化为自身内心信念。

最后，提高师德修养还需注重内省和慎独，教师在平时的工作中应注意反省，多反思自己的言行，同时要做到"慎独"。教师的教学活动通常是单独进行的，教师能否在无人监督的情况下严格按照师德要求行事，甚至会直接影响到学生德、智等方面的发展。因此，教师在平时独处时要注意加强对自身言行的监督，并将此当作锤炼自己品德的良机。

2. 增强教师专业发展意识

大学日语教师作为具有主观能动性的个体，同时又是专业发展与教育教学实践的主体，教师自身的专业发展意识至关重要。随着社会的发展与时代的变迁，大学日语教师要增强自身专业发展意识。

首先，正确认识教师专业发展。要坚定信念，努力成长为一名优秀教师。教师专业发展最终的落脚点在于教师职业的专业性。即教师作为专业教学人员其在教学工作中的成长与发展，其内涵丰富。在教育场域中，教师专业发展往往偏向于教育教学能力的发展以及新教师群体的成长。正确认识教师专业发展，全面辩证地发展，教师的师德与专业理念、专业知识、专业能力等都应有所提升；同时明确教师专业发展是一个动态、长期的过程，不能止步于某一个阶段。增强教师自主发展意识，教师职业便是教师的事业，教师专业发展也是教师的事业，教师应加强自主发展意识，知行合一，养成自主学习发展的好习惯。

其次，做好教师专业发展规划。不同专业有不同的发展历史，也有不同的发展阶段，不同发展阶段的关注点亦有差异。制定教师专业发展的规划的目的在于促进教师专业上的成长，提升教师的专业水平。大学日语教师在面对复杂且烦琐的教育实践工作时，非常有必要制订符合自身实际且合理有序的专业发展规划。

3. 注重学习提升

现代社会发展迅速，知识更新速度快，新事物层出不穷，在这样的时代背景下，每个人都应该成为终身学习者。作为传道受业解惑的教师，其不能固守于在学校获得的理念、知识与技能等，应通过积极学习来应对教育与外界发展所带来的问题与挑战。作为新时代背景下成长的教师，要不断进行学习来充实自己的知识，接触教育新理念，更新教育理念。具体来讲，可从以下几个方面进行。

首先，加强专业知识的学习。专业知识包括学科知识、教育教学知识与通识性知识。从教师职业专业性这一角度来考虑，专业知识是最基础的。学科知识是针对某一具体学科而言，在调查中发现，大学日语教师队伍中出现了"教非所学"与"全科型"现象，甚至有的教师在课堂上出现了知识性错误，因此，加强日语知识的学习是必要的。教育是一项特殊的事业，教育对象的复杂性决定了教师职业角色的多样性。教师应掌握一定的教育教学知识，注重教育方法，尊重教育规律，注重学生的全面发展，沉淀教育智慧。教师作为知识的传授者，自身需具备足够的知识储备。学高为师，身正为范，教师要树立终身学习的理念，在工作与生活中积极学习、主动学习，提升专业知识水平。

其次，善于利用平台，整合资源。由于受资金投入等方面的限制，大学日语教师外出培训、学习的机会较少，各方面资源相对匮乏。因此，对于大学日语教师来说，要尽可能抓住学习成长的机会，利用可利用的资源来提升自己的专业发展水平。

①善于抓住学习的机会。积极努力争取培训名额，珍惜培训机会，用心参加校外培训等活动。学校开展的听评课、主题研讨等亦要用心参与。

②积极利用网络资源。现代社会网络资源丰富，大学日语教师应积极利用互联网教育资源，定期上网学习，观摩优质教学视频、浏览教学课件、借阅电子书籍等，加强对教育教学理论、专业知识的学习，拓宽自己的专业视野，使自身的文化底蕴得到发展。

③注重在实践中提升专业水平。只有积极主动实践、学以致用，才能有针对性地提升教师的专业发展水平。如正确对待公开课，上好公开课，在实践场域中磨炼自己的教学技能；在工作与生活场域中，重视与学生的交往，因材施教，抓住教育契机，增加教育智慧，提升教师的专业发展水平。

4. 培养反思意识

教师的专业反思能力对教师的专业发展起着至关重要的作用。基于实践场域，高校应当重视培养教师的专业反思意识与能力，发挥教师的主观能动性。教师可在教育教学工作中积累经验，在回顾与反思中锤炼与升华，发现实践中存在的问题，审视自身存在的可取之处与不足，取长补短，不断提升自己的专业发展水平。教师的专业发展除了需要政府、学校及社会各方面的支持外，最关键的发展因素还是取决于教师自身。因此，大学日语教师的专业发展更多地需要依靠教师自身教育教学中的实践与反思。基于调研中大学日语教师反思的现状以及存在的问题，可以从以下几个方面来改进。

首先，培养反思习惯。教师要正确认识到反思的作用。在平时的教育教学过程中亲自实践，及时记录。要注重培养反思习惯，教学问题或教育学生问题都可以作为反思素材，积极利用好时间，定期反思，在反思中感受自己生命的内在张力与教育事业的活力，习惯成自然。

其次，注重培养反思能力。日语教师要做到理论与实践并重，广泛阅读专业书籍，提升自身的专业理论素养，只有当教师的理论水平提高到一定的层次时，才能有效地指导工作实践。因此，教师应在平常的工作过程中有意识地积累专业知识，利用好资源共享的网络平台与专业书籍，积极吸收优秀教师与各类教育专家的经验与教育理念；拓宽自己的教学视野，在实践中践行，在践行中寻找闪光点与突破点；善于从教学实践中发现反思素材，积极参加各类与教育教学有关的活动，如观摩示范课及参加教研活动、经验交流会等。反思形式多样化，如撰写教学反思日记、卷面分析、回听课堂录音、观看相关录像等；积极寻求外界的帮助，如同伴、高校学者、教育专家等；积极参与学习共同体研修，以课堂教学为突破点，以交流讨论为抓手，与教师同伴相互合作，寻求共同进步。大学日语教师要提高反思能力,让反思贯穿自身专业成长的全过程,这样才能提升自身的专业发展水平。

5. 提升专业能力

专业能力是教师的立身之本。多听优质课,多参与日语教学比赛,学习教学理念与方法,以提升自己的教学能力。大学日语教师还应在学校或者校外与所教学生进行深入谈话,了解学生的年龄、性格特点,分析经典教育案例,细心观察身边的教育案例,以提升自己的教育能力。根据实际调查结果可知,大学日语教师还应做到以下几点。

第一,提高自主发展能力。在提高自主发展意识的基础上,大学日语教师还要有其相应的发展能力。要平衡好工作与生活,尽量给足自己发展的时间与空间。在可能的情况下,通过业余、函授、在职学习等方式提升自身学历,提高自身素质水平,为专业发展奠定更好的基础。

第二,提高信息技术应用能力。在互联网发展迅速的背景下,教师不得不随之改变教育方式,以适应时代发展。如需要学习一些制图、制课件的软件和音频视频编辑软件的应用,熟练掌握电子白板的使用等。尤其是在日语教学中,音频、视频和图片的使用尤为重要。为达到以上目标,大学日语教师应利用课余时间,坚持在网上听课学习,并做好学习笔记;积极将学习到的内容运用到教学中,以练促学,并且要对每次使用进行记录与反思;虚心向其他日语教师或者其他学科教师求教,或者积极和学生进行交流学习。

第三,提高教研能力。只会教育教学的教师已经难以跟上时代发展步伐,时代迫切需要的是可以教育教学也可以进行科研的研究型教师。因此,教研能力也是大学日语教师的必备技能。而部分日语教师接受新兴事物能力较差,教研环境不良。但大学日语教师还是要有发展科研能力的意识,即使学校条件不允许,但是可以向外部寻求支持,如向外校学习,与外校合作,或者也可以与自己的本科、研究生学校取得联系,获得支持。当然教研能力还需自身有一定基础,可以在工作任务之外读一些教育理论的书籍和文章,不断汲取新的教改信息,转变教育思想,更新教育观念,提高理论水平。同时,要养成积累教学经验的习惯,将自己从书籍和文章中看到的以及教学实践中想到的好的内容积累下来,分类存档,以供教研时使用。还要多向有经验的老教师请教,最好可以参与到老教师的队伍中,跟着有经验的人学习如何进行教研,从而规避产生更多的错误。

第四,提高沟通合作能力。"学堂"型的授课已经难以满足现代教育的要求,教师的沟通合作成为必须。大学日语教师不仅是一个班的日语教师，也是班级所有教学科目之一的教师，因此，作为课任教师要与所教班级的其他课任教师通力合作，促使学生均衡发展，此外，还要与同年级甚至同校的日语教师都有良好的沟通与合作，如此才能保证大学日语的教学不断课、不断级。要实现以上沟通合作，首先，要明确目标，将目标设定为促进学生发展或者促进集体共同发展，这样学生就不会因私利导、只顾自己，拒绝沟通合作；其次，要学会关心、尊重别人，良好的人际关系是沟通合作的基础；最后，要积极参与集体活动，在活动中赢得他人尊重，展示自己能力，为团体做出贡献。这样才能不断提升团队的信任度，以此实现自己沟通合作能力的提高。

第五，提高教育创新能力。提高创新能力是时代发展的要求，在教育行业更为重要。要提高大学日语教师的教育创新能力，首先，日语教师要不断学习新知识。教育创新不是无本之木，不能只凭热情，需要以知识为基础，不仅要通过网上学习、向老教师请教、参加培训等多种方式学习广博的科学文化知识及精深的专业知识，而且还要学习通识性知识和方法论知识等，以期为教育创新服务。其次，日语教师要用教研带动创新，从日语教学实践中发现问题，归纳概括成一般理论后再指导日语实践。这本身就是一种教育创新。再次，创设问题情境，用问题带动学生思考，师生互动的过程就是教育创新的过程。最后，要不断创新教学模式和教学方法，不要因循守旧、粗制滥造。大学日语教师要根据学情制定不同的教学目标、教学内容、教学方法，因材施教，改变传统教学方式，运用多媒体等手段创设"新"课堂，以此在不断优化的教学方案中提升自己的教育创新能力。

第三节　现代日语教学的发展策略

一、转变大学日语教学观念

教师应该在大学日语课程开始之前，从思想入手重新定义大学日语教学工作，根据学生的日语学习实际和日语学习特点，树立科学的教学观念。通过新观念制定大学日语教学规划，设计大学日语教学的发展要点，明确大学日语教学中师生的责任，激发大学日语教学各参与者的热情，为大学生进行大学日语学习提供平台，实现大学日语教学的不断革新和发展。

二、改革大学日语教学模式

传统的以教师为中心的讲授法容易形成"满堂灌"的教学模式,难以让学生主动参与到教学中来,甚至会使其产生厌学情绪。为了改变这种情况,教师要调动学生的学习积极性,需要改变教学方法,尽量让多种教学方法相结合。

根据实际教学情况可知,日语单词中有很多是来自英语等西方语言的外来语。因此,在学习单词时就可以使用"日英单词对比法",通过与英语单词相联系加深学生的理解,促进学生对单词的记忆。

在课堂教学中,教师可以采用"启发式"教学法,改变一直以来教师在课堂上的"知识灌输者"地位,使教师转变为"引导者"。教师提出一个能够让学生思考的问题,引导学生进行思考,学生既可以自己思考、查资料,也可以和同学一起讨论。在这个过程中既培养了学生的思考能力和探索能力,又真正实现了对知识点的掌握。

此外,还可以进行"分组教学",即将班级学生分成几个小组,学生通过小组的形式进行合作学习,以小组为单位提交作业。例如,学生根据所学内容模拟情景会话和分角色扮演;将每一课涉及的文化知识作为探讨的主题,以小组为单位提交 PPT 作业。在小组成员的共同协作下,作业以最完美的形式展示出来,每个学生的积极性都被充分调动起来。

三、要求教师掌握现代教育技术

大学日语教师除了要掌握专业知识之外,还要学习现代教育技术,熟练运用互联网资源,能够制作微课短视频、高水平课件等来辅助教学,以达成教学目标。以成果导向教育理念为导向,从学生的学习效果出发,在日语教学实践中,教师在学校和院系支持下进行校园课程中心平台建设,参与编写多媒体教材、制作网络课程、录制精品课程。经常进行专题讨论和交流,集思广益,提高整体课件制作水平。现代教育技术能增强教学的趣味性,增强学生学习的积极性、自主性和创造性。

教师运用现代教育技术,将技术与专业知识内容相融合,解决教学实际问题。现代教育技术也可帮助教师改变工具型思维,更快、更好地适应"互联网+"所带来的变革,顺应时代的发展,迎接人工智能时代的到来,达成培养人才的最终目标。

四、实现"课程思政"的有效性

大学生是国家的栋梁，是祖国的未来和民族的希望，大学生的思想状况不但影响其自身的发展，还关乎国家未来的命运。新时代背景下社会需要的人才是具有社会主义核心价值观的人才，这样的人才方能够适应社会发展的需要。

为了实现这一目标，在日语教学中要转变过去"为教学而教学"的观念，重建与现实的联系、与政治的联系、与意识形态的联系。教师要不断拓展日语知识学习的广度和深度，尊重课程自身的特征和规律，充分发掘课程知识内涵的文化属性和精神品格。在单词、文法、课文的教学过程中，通过教学设计和教学实践实现日语课程与思政教育的水乳交融，"将思政之盐融入课程大餐"，在点滴之间影响学生，使学生在学习相关课程的过程中不知不觉地树立、巩固社会主义核心价值观。

五、适当导入日本文化

对于日语这门课程，从长远的培养目标和最终的教学目的来看，教学活动不能仅停留在日常会话的单句水平上进行语言训练，还要逐步培养学生在语篇方面的交际能力和跨文化、跨专业的阅读能力。这就要求教师的教学内容不能仅仅对单词、语法等语言知识进行讲解，还应当适时导入日本文化，既可提高学生的学习兴趣，又可加深学生对知识的理解和运用，增加知识储备，有利于提升学生的综合能力。特别是在全球化迅猛发展的当下，跨文化交际已成为重要的一环。

在课程中对日本文化内容进行扩展，有助于培养学生的跨文化交际能力。具体来说，在日语教学中，在对日本假名、单词等语言的学习过程中，可以加入对词语文化背景的详细解说。以"和服"一词为例，通过对和服样式、特征以及产生历史的讲解，让学生不仅对单词本身印象深刻，还知晓了单词所蕴含的文化意义。虽然日本文化最初是汲取中华文化的精华发展而成的，但是在某些方面中日文化有着各自的特点。例如，在"寒暄"和"赠送礼物"等方面，中日文化既有相同点也有不同之处。在教学中要特别对其不同之处加以说明，避免学生产生误解，让学生在跨文化交际中游刃有余。

参考文献

［1］王冲. 日语教师课堂教学与自我发展研究 [M]. 上海：上海交通大学出版社，2015.

［2］宁雅南. 文化视角的日语教学研究 [M]. 武汉：湖北科学技术出版社，2016.

［3］栗园园. 日语思维与教学研究 [M]. 长春：吉林文史出版社，2016.

［4］段继绪，李万豫，秦翠翠. 日语文化与翻译教学研究 [M]. 长春：吉林大学出版社，2017.

［5］李明姬. 日语教学与思维创新研究 [M]. 成都：西南交通大学出版社，2017.

［6］王琪. 日语教学理论及策略 [M]. 北京：外语教学与研究出版社，2017.

［7］丁尚虎，赵宏杰. 社会语言学与日语教学研究 [M]. 上海：上海交通大学出版社，2019.

［8］冯莉. 翻转课堂趋势下的日语互动教学研究 [M]. 北京：北京工业大学出版社，2019.

［9］王宁. 日语教学策略与创新思维探究 [M]. 北京：北京工业大学出版社，2019.

［10］辛子昱，樊怡. 跨文化交际与日语教育 [M]. 沈阳：辽宁大学出版社，2019.

［11］许嫒，陈钟善，翟艳蕾. 日语教育与语言文化 [M]. 北京：中国纺织出版社，2019.

［12］唐磊. 日语教学论 [M]. 南宁：广西教育出版社，2020.

［13］符方霞. 日语多模态化教学与学生多元能力培养研究 [M]. 长春：吉林大学出版社，2020.

［14］王珏. 创新视角下的日语教学内容与方法研究 [M]. 长春：吉林出版集团股份有限公司，2021.

［15］孟红淼. 跨文化交际视角下的高校日语教学策略探究 [M]. 长春：吉林出版集团股份有限公司，2021.

[16] 张金磊, 王颖, 张宝辉. 翻转课堂教学模式研究 [J]. 远程教育杂志, 2012, 30（04）: 46-51.

[17] 刘萍, 安蓉. 试论高校大学日语教学改革与实践 [J]. 知识窗（教师版）, 2020（11）: 4-5.

[18] 文秀秀, 王蕴杰. 浅谈大学日语教学与跨文化交际能力的培养 [J]. 吉林广播电视大学学报, 2020（10）: 53-54.

[19] 祁春花, 金冬梅. 探究大学日语教学中线上线下混合式教学模式的应用 [J]. 东西南北, 2020（18）: 134-135.

[20] 徐润. 学生多样化背景下的大学日语教学分析 [J]. 教育现代化, 2020, 7（14）: 73-75.

[21] 李岩, 马晶. 论跨文化交际视角下大学日语教学模式改革 [J]. 作家天地, 2020（03）: 54.

[22] 张峰. "课程思政"视角下的大学日语教学研究 [J]. 吉林教育, 2020（08）: 33-34.

[23] 袁琳艳. 二语习得视域下的大学日语教学策略探究 [J]. 科教导刊, 2021（25）: 106-108.

[24] 孟德林. 高校大学日语教学现状分析：论皖西学院开设大学日语公共课的可行性研究 [J]. 湖北开放职业学院学报, 2021, 34（11）: 132-134.

[25] 刘倩楠. 课程思政背景下的大学日语教学文化自觉与文化自信教育 [J]. 文教资料, 2021（08）: 105-106.

[26] 郑丹. 论跨文化交际视角下的大学日语教学改革：基于跨文化交际能力的提升 [J]. 文化创新比较研究, 2021, 5（02）: 193-195.

[27] 于学英. 浅析新媒体时代大学日语教学中的多重环境建设 [J]. 现代交际, 2021（06）: 168-170.